SE AMAR, AMAR E SER AMADO

PAMELA MAGALHÃES

SE AMAR, AMAR E SER AMADO

Um livro sobre pessoas e sentimentos

Diretor editorial
Paulo Tadeu

Capa, projeto gráfico e diagramação
Marcelo Córreia

Revisão
Silvia Parollo

CIP-BRASIL - CATALOGAÇÃO NA PUBLICAÇÃO
SINDICATO NACIONAL DOS EDITORES DE LIVROS, RJ

Magalhães, Pamela
Se amar, amar e ser amado / Pamela Magalhães. - 1. ed. - São Paulo: Matrix, 2024.
184 p.; 23 cm.

ISBN 978-65-5616-526-4

1. Amor. 2. Relações humanas. 3. Relações interpessoais. I. Título.

| 24-95177 | CDD: 152.41 |
| | CDU: 159.942.52:392.61 |

Meri Gleice Rodrigues de Souza - Bibliotecária - CRB-7/6439

Sumário

Dedicatória 7
Prefácio 9
Carta de um pai 11
Apresentação 13
Introdução - Se amar, amar e ser amado 19
Solte a corda 27
Ressentimento 29
Confie em si e volte a acreditar em alguém! 31
O amor não é "suportável", ele é bom 33
Preenchendo o vazio de si mesma 35
Resgatando-se 37
Saudade de mim 39
A decisão da separação 41
Quando você não me quis mais 43
Autoconhecimento 45
Quando me tornei sem-vergonha 47
Suma dele 49
De vez em quando 51
Vício em querer 53
Medo de relacionamento sério 55
Casal simbiótico 58
Você já disse "não" hoje? 61
Você se sabota? 64
Nem só de amor sobrevive um relacionamento 67
Durou o que tinha que durar 70
Amor patológico 73
Em um relacionamento sério com quem já foi embora 76
Pare de ser conivente com o que faz você infeliz! 78
Como se despedir de quem a gente não quer que vá embora? 80
Me conhecer foi a melhor decisão da minha vida! 82
A dor da solidão de estar só, sem querer 84
Você não perde o que nunca teve 86
A gente tinha tudo para dar certo, mas você deu para trás 88
Essa dor vai passar e você vai ficar 90
Amor não se implora 92
Eu sei que não me faz bem, mas não vivo sem 93
Afaste-se de tudo que levou você para longe de si mesmo(a) e volte ... 95
Ninguém vai frear seus sonhos, a não ser que você permita 97
O medo de sentir já mandou muita gente embora 98
Me apaixonei pelo que você nunca foi 100
Não era amor, era costume 102

Perdoar não significa permanecer com a pessoa 103

A carência e seu costume de criar amor onde não tem 105

Saudade do que a gente nunca viveu 107

Por alguém que fique 109

Pessoas que vendem gato por lebre 111

Você vai amar de novo 113

Ele é o seu ponto fraco e não quer nada sério com você 115

Essa pessoa gosta de você, mas não o bastante para assumi-la para o mundo 117

Carta para quem magoou você 119

Aquela pessoa que você teve que tirar da sua vida 121

Quando eu perdi o medo de ficar sozinha 123

Todo mundo tem aquela pessoa... 125

Quando a pessoa estiver realmente a fim, ela dará um jeito 126

Você precisa terminar com o seu ex 127

Eu quis você muito 129

Tem gente que saiu da sua vida, mas não da sua cabeça 131

Como deixar de gostar de quem a gente gosta 132

Você fez o melhor que podia 134

Viver sem aquela pessoa... 136

Ignorado por alguém que você gosta 138

Nem todo afastamento é por falta de amor 140

Se a porta não se abrir, talvez não seja a sua 141

Desculpe-se! 143

Em um mundo de relações líquidas, não se afogue 144

Você não precisa disso! 146

Saiba diferenciar quem diz que ama você daquele que faz você se sentir amada 147

Escolha quem escolhe você 149

Ele achou que você aguentaria tudo, só esqueceu que tudo tem limite 150

Suas escolhas amorosas falam sobre você 152

Fisicamente distantes e emocionalmente sintonizados 154

A cabeça já decidiu, mas o coração não se convenceu 156

O amor não suporta tudo 157

Vez ou outra, você terá que se perder para se reencontrar 159

Essa pessoa não rói o osso, mas também não larga 161

Cansado de conhecer pessoas e não dar continuidade com ninguém 163

Nunca foi amor, sempre foi vício 165

Certas feridas custam a cicatrizar 167

Para você que só atrai gente problemática 169

Quem ama poupa 171

O mundo não se resume a essa pessoa 173

Saudade 175

Os fortes também cansam... 177

Não cobre o que deve ser espontâneo 179

Para decepção... tempo 181

O dia em que ela resolveu se tratar bem 183

Dedicatória

Dedico este livro ao meu grande amor, meu marido, meu companheiro desta e de todas as outras vidas, que me ajudou a descobrir que eu poderia amar e ser amada como jamais havia imaginado: inteiramente, totalmente, exageradamente! E, ainda assim, não me culpar por isso e ser correspondida.

Ao meu pai e à minha mãe, minhas inspirações maravilhosas que sempre me incentivaram em tudo o que fiz, sonhei e nunca se cansaram de me pedir para escrever este livro.

À minha família de sangue e àquelas pessoas especiais da minha história, que se tornaram família pela conexão estabelecida e pela escolha do coração.

E aos meus seguidores, amigos e todos aqueles que acreditam que meus pensamentos e reflexões possam contribuir, de alguma forma, para a melhoria de suas vidas.

Prefácio

Em algum momento – que não sei precisar quando –, comecei a receber muitas mensagens: "Rossandro, você conhece a Pamela?"; "Você tem que fazer uma *live* com a Pamela". Depois de tantas indicações de pessoas queridas sobre o trabalho dela, comecei a segui-la nas redes sociais e acompanhar as suas produções.

E então... que alegria! Num mundo em que as pessoas editam fotos, usam filtros e evitam a verdade, nada mais poderoso do que fazer o movimento contrário e desnudar a alma, encorajando outras pessoas a fazerem o mesmo. O poder terapêutico da autenticidade é a marca central deste livro, não como estratégia de escrita, mas como característica viva da personalidade de Pamela, essa alma querida que tive o prazer de conhecer e com a qual compartilho muitas visões de mundo. Ela é uma profissional que se apresenta, ao mesmo tempo, com toda sua ternura e força nas redes sociais, ajudando milhões de pessoas que já assistiram aos seus vídeos, a ousar fazerem o mesmo movimento em suas almas. E isso não é pouco!

Claro que em algum momento as palavras, as experiências, as vivências viraram também um texto forte, inquietante, mas ao mesmo tempo convidativo e reconfortante que ela compartilha agora conosco.

Todo o seu trabalho perpassa pela emoção vívida que a Pamela não disfarça e ainda utiliza como instrumento de humanização de sua relação com as pessoas e como percurso do autoconhecimento.

Compreender a nós mesmos não significa apenas aprender um conjunto de ferramentas, ou dar passos para saber como nos sentir melhor. Sim, essas etapas ajudam, mas para que realmente nos compreendamos, a ponto de fazermos uma mudança efetiva, precisamos olhar para dentro de nós mesmos e devemos estar dispostos a isso, mesmo que o que vemos não nos agrade. Isso pode ser difícil, eu sei, e a Pamela também sabe. Um bom terapeuta é aquele que também ousa mergulhar fundo dentro de si, priorizando viver com o máximo de consciência possível que o permita sentir toda a sua autenticidade.

Muitas pessoas acham essa trajetória difícil, quando não, impossível. Sobretudo quando se deparam com o hermetismo dos que querem mais exibir o próprio ego do que descer à condição humana e traduzir, não apenas teorias, mas experiências de vida e convidar a caminhar juntos na estrada do autoconhecimento.

Pamela faz parte do grupo de pessoas que gostam de traduzir a ciência do comportamento com simplicidade, tornando-a acessível, sem perder profundidade e eficácia. Pois, como eu, acredita que não existem limites nem barreiras que nos impeçam de buscar a compreensão, e que as pessoas devam se sentir autorizadas e estimuladas a mergulhar dentro de si mesmas, escaneando suas almas em busca de perdão e amor.

Assim, se você estiver disposto, venha fazer esta viagem, mas prepare-se para assumir a responsabilidade de poder curar-se, olhando para as escolhas que fez através das lentes do perdão para com você e para com os outros. Esse movimento amoroso e libertador será sentido em cada frase, em cada tema, em cada história apresentada por Pamela em sua obra e que, certamente, ajudarão você na construção do seu ciclo de perdão, que realmente pode curar velhas feridas.

Por fim, entregue-se ao convite que a Pamela faz. Dê a si mesmo o que você precisa, da mesma forma como você ofereceria a outra pessoa: uma palavra gentil, um olhar afetuoso, um gesto amoroso, uma fala compassiva. Não se deixe levar pelas pressões externas ou pela validação que vem de fora do seu mundo interno. Perceba que somos todos iguais e você não está sozinho ou sozinha. Deixe as cobranças excessivas e o tóxico desamor e caminhe em busca de encontrar a si mesmo de forma autêntica, através dessa jornada de aprendizado e da vontade de continuar crescendo e aprendendo todos os dias.

Rossandro Klinjey
Psicólogo, palestrante e escritor.
Especialista em educação e desenvolvimento humano.

Carta de um pai

Quando a pessoa que mais amo me convidou para escrever este texto, meu coração disparou. Aconteceram duas coisas ao mesmo tempo: orgulho imenso pelo convite e medo, por nunca ter feito algo semelhante. Mas, como o título do livro é "Se amar, amar e ser amado", acalmei-me e pensei: "Sou o cara certo para essa missão, já que não existe um amor maior do que o nosso. Um amor de pai para filha, puro e intenso".

A autora, psicóloga, é especializada em relacionamentos e família. Aprofundou seus conhecimentos por meio de estudos, cursos e experiência, conseguindo abranger as mais variadas mídias, atingindo um público enorme nas redes sociais, de todas as camadas, diferentes faixas etárias e níveis sociais.

A escolha do tema "amor" em sua primeira obra só vem confirmar seu carinho e dedicação totalmente voltados para o ser humano, reforçando a sua preocupação, que é quase uma obsessão, em auxiliar o próximo.

Ao revolver minhas lembranças, em umas férias de janeiro, lembrei-me de que fomos à praia para encontrarmos com minha mãe, que estava lá com um grupo de quatro amigas e que já se preparavam para jogar tranca. Logo após a nossa chegada, minha esposa e eu fomos para o quarto arrumar nossas roupas e nossa cama. Ao voltarmos para a varanda, nos deparamos com aquela menina de 14 anos – futura autora desta obra –, cercada por senhoras muito atentas, falando sem parar, orientando-as em relação às alegrias e tristezas da vida.

Aquele fato já deveria ter me mostrado quanto iluminada era – e é – a alma da nossa querida Pamela.

Seus múltiplos artigos demonstram a clareza de sua linguagem dirigida para todos, em vários momentos, sejam de paixão, desespero, dúvidas, ou a fundamental compreensão dos sentimentos.

Esta obra é um compilado dos seus melhores textos, somados a outros inéditos, sobre o ser humano em sua essência e seus relacionamentos. A leitura é fácil e sensível, com a intenção de exercitar o autoconhecimento, *insights* e o fortalecimento dos recursos emocionais.

Vejo este livro como um companheiro para todas as horas, para ser colocado ao lado da cama e ser consultado muitas vezes, servindo de orientador em nossos momentos mais atribulados ou felizes.

Algumas pessoas afirmam, com toda a certeza, que existem anjos entre nós. Será a nossa autora um deles?

Com amor,

Antonio A. C. Magalhães

Apresentação

Quando pequena, com aproximadamente 11 anos, minha mãe me deu um caderno lindo, do jeitinho que eu gostava: colorido, repleto de flores e com um fundo rosa. Como ela sempre soube que eu adorava escrever, disse que todas as vezes que eu tivesse vontade de entender melhor o que se passava comigo, poderia usar aquele caderno. Entendi e gostei do recado! A partir daí foram infinitas anotações, versos, poesias e desabafos, que me aliviavam, acolhiam e realizavam. Assim é a comunicação na minha vida. Seja oral ou escrita, sempre a compreendo como um canal natural em que exteriorizo minha espontaneidade falando de sentimentos. Taí um tema que é familiar demais para mim! Eu sempre amei falar sobre o que sinto, o que as pessoas sentem e como podemos nos sentir melhor.

Desde muito cedo, não sei qual a exata razão, eu me importava com as pessoas, com os animais, com as coisas, com o que acontecia, existia ou deixasse de existir e como falar para elas. Não sei se foi a criação – pelo fato de ter tido pais cuidadores (mãe psicóloga e pai médico) –, se foi questão de essência, personalidade, só sei que tive um olhar verdadeiramente empático desde que me conheço por gente.

A dor de qualquer ser me inquietava, sentia-me parte daquilo, algo dentro de mim dizia que eu deveria fazer alguma coisa para amenizar, ou ajudar, qualquer que fosse a situação. Quando completei 15 anos, já tinha certo que faria Jornalismo e, no alto de toda a minha prepotência infantojuvenil, dizia que faria essa faculdade para ter uma coluna em uma revista *teen* que eu amava, e então responder às dúvidas das adolescentes sobre relacionamentos. Eu não só idealizava ou sonhava com aquilo, mas também escrevia inúmeras cartas à redação da revista dizendo que, embora tivesse pouca idade, conseguiria responder às dúvidas das leitoras com tranquilidade. E o melhor, sabia exatamente o que elas sentiam, por ser uma delas. Mandei muitas cartas, nunca desisti, e não me lembro de algum dia ter compreendido que isso não aconteceria... Minha vontade era mais forte do que qualquer rejeição por parte da revista e, por isso, continuou em mim.

Com meus 16 anos, comecei a escrever muitas redações na escola. Afinal, estávamos nos preparando para o vestibular, o professor sugeria um tema e nós escrevíamos. Eu simplesmente amava aquilo. Nunca fui genial na escola, era a típica aluna mediana que às vezes tirava notas bem baixas em exatas, mas que em língua portuguesa, literatura e redação tinha o meu destaque. A maioria dos meus colegas de classe achava insuportáveis as tarefas de redação. Já eu não via a hora de chegar em casa, me sentar à minha escrivaninha e mergulhar em uma nova história. Sabe o que era mais legal de tudo isso? Que minha professora na época, chamada Mayra Myrthes, percebeu isso e me incentivou. Escrevia recadinhos nos meus textos, elogiando a profundidade e sensibilidade das minhas redações e isso foi muito, muito importante para eu me sentir mais autoconfiante naquilo que fazia.

As validações são muito importantes, ainda mais nessa fase do desenvolvimento, quando, obviamente, há muita insegurança e estamos descobrindo tanto sobre nós mesmos. Minha família sempre incentivou minhas habilidades de comunicação e isso me ajudou muito a confiar nessa virtude, desenvolvê-la e jamais deixá-la de lado. Confesso que durante o período de faculdade, com as descobertas relacionais, agitação, protestos e rebeldia, não me recordo de sentar e escrever algo que não fosse "por obrigação". Foi um período importante de experiências e vivências, das quais viria a falar e escrever mais tarde.

Quando me formei em Psicologia, não via a hora de ter meu consultório e iniciar minha carreira clínica. Rapidamente consegui meu espaço, arrumei meu cantinho, coloquei os quadros que gostava, escolhi sofá, poltronas, escrivaninha, tudo lindo! Só faltava um detalhe: os pacientes! E a gente não tem ideia do quão difícil é, antes de passar esse sufoco. Fazia o que podia, mas naquele momento não tinha muito o que fazer, a não ser esperar. Então, eu usava meu tempo para escrever.

Escrevia um texto por dia e colocava no meu blog, que era o recurso na época para divulgar a clínica e aliviar o que eu tinha vontade de expressar. Naquela fase, ficaram claros a minha tendência e interesse em escrever sobre o amor. Tudo que dizia respeito a sentimentos, comportamentos e, principalmente, relacionamentos, me encantava. Havia uma facilidade significativa naquele fluir da escrita e, além disso, as pessoas pareciam gostar, sentiam-se beneficiadas com o que eu, timidamente, fazia. Dali em diante eu compreendi que estava no caminho certo.

Não demorou muito para evoluir dos textos do blog para os programas de TV, falando sobre comportamento e relacionamento. Foram – e são – inúmeros veículos de comunicação de mídia televisiva, impressa, virtual, rádio, entre outros, e, principalmente, meus próprios canais de comunicação. São reflexões, textos, vídeos, *lives*, palestras, conteúdos produzidos diariamente para ajudar as pessoas a se ajudarem. Eu sou apaixonada por tudo isso e tenho um prazer inenarrável em saber que aquilo que naturalmente faço, que é a minha verdade, chega até alguém e faz a diferença na vida daquela pessoa. Nem sei expressar quanto isso é imenso para mim.

Quando me perguntam o porquê de falar tanto sobre isso, ou de onde tiro tanto assunto sobre o mesmo tema, confesso que não sei muito bem como explicar. Eu simplesmente sinto, e quando me dou conta já estou falando, explicando, escrevendo, desenvolvendo e, em quase todas as vezes, me emocionando com a minha própria fala. Parece meio doido, né? Mas é exatamente assim que acontece. Acho que a entrega é tamanha, estou tão inteira naquele momento que é como se mergulhasse profundamente nas entranhas de tudo aquilo que estou expressando.

Durante todos esses anos de observação e interação sobre o que, de alguma forma, perturba o coração das pessoas, um tema em especial me chama a atenção: a falta de reciprocidade nas relações. É o destaque nas queixas de tantos homens e mulheres que, angustiados, frequentam meu consultório, falam comigo pelas redes sociais, na rua ou em qualquer lugar. Confesso que me identifico e tenho um prazer particular ao me aprofundar nessa questão.

Não por acaso, esse tema mexe comigo. Durante muito tempo da minha vida eu me interessei por homens difíceis que, por alguma razão, estavam indisponíveis. Eles me encantavam e despertavam uma fixação. Na adolescência, começou com um professor, depois foi o monitor do hotel-fazenda. Daí em diante, o cara indisponível, problemático, difícil, traumatizado, solteiro convicto, enfim... Parecia que eu tinha uma espécie de ímã que atraía quem não podia, quem tinha dúvidas, incertezas ou não me queria o suficiente. Sem perceber, eu compreendia o amor como um exercício desafiador, com sofrimento, jogos emocionais e altos graus de dificuldade. Confesso que, em muitos momentos, me peguei querendo o impossível como uma forma de me convencer de que era boa o bastante.

Nessa angustiante saga, pouco me nutria do afeto genuíno e me despedaçava nas metas de conquista. Não me dava conta da dinâmica viciada que me envolvia e, muito menos, nas tantas possibilidades de trocas agregadoras e verdadeiras que abdicava, não enxergava nada além, em razão do mecanismo patológico, vaidoso e vazio que vivia. Foram muitos anos de buscas desenfreadas nas insistentes tentativas de reversão de rejeições cultivadas até, finalmente, perceber que nada disso sequer se aproximava do amor de verdade, e sim de falta de amor por mim mesma.

Tento lembrar o que me fez cair em mim, mas não me lembro de algo pontual. Imagino ter sido um somatório de fatos. Dizem que a lucidez não acontece de uma hora para outra, respeita um processo silencioso, em que muitas partes fragmentadas vão encontrando o seu próprio lugar para, pouco a pouco, favorecer a integração, tornando-nos mais conscientes e, portanto, consistentes.

Na verdade, acho que nascemos com uma determinada essência e que, no decorrer do nosso caminho – tanto pelas experiências quanto pela maneira com a qual lidamos com os fatos –, acabamos perdendo ou nos afastando dessa essência. Eu realmente me senti assim em vários momentos da vida, quando estava mais preocupada em ser aceita, percebida, considerada, validada e amada por alguém do que por mim mesma.

Estava desligada do meu verdadeiro "eu", obcecada em alcançar algo completamente distante e que, de alguma forma, acabava me ocupando e distraindo de olhar para o meu íntimo que, àquela altura, parecia desconhecido e estranho demais. Desviando um pouco daquele foco inatingível, poderia perceber uma mulher repleta de virtudes subdesenvolvidas, perdida em suas metas produtivas, desperdiçando o seu potencial e diversas oportunidades de crescimento em todos os âmbitos da sua vida, com uma autoestima baixíssima e com seu amor-próprio completamente negligenciado.

Diante desse panorama pouco promissor e até preocupante, fui caindo em mim, conforme as perdas relacionais que tive, e os saldos constatados apontavam para uma mulher que eu não reconhecia como sendo eu mesma. Não me orgulhava daquilo, não me sentia feliz e tinha certeza de que havia me perdido. Em vez de continuar de olhos vendados para tudo aquilo, resolvi quebrar o ciclo e, dando um passo de cada vez, comecei a alimentar minha autoestima, reconhecer do que eu era capaz, enfrentar minhas sombras e medos e, principalmente, valorizar o que tinha. Passei a gostar de mim o suficiente para entender o real significado do amor. Nunca mais deixei de cultivá-lo, de me amar, de acreditar na existência desse sentimento, confiar na entrega afetiva recíproca, cuidar do que tenho e escolher o que quero ou não quero na minha vida.

Nas páginas a seguir, você encontrará uma série de reflexões feitas em momentos diversos da minha vida. Todas partem de mim e do que sinto e compreendo do todo. Escuto minhas vozes internas que murmuram no meu coração e escrevo para mim e para quem se encontrar nas minhas palavras. Este livro é para ser lido como, quando e da forma que preferir. Todos os nomes citados são fictícios, a ordem não afeta a compreensão e, em todos os textos, você poderá encontrar algo de você. Todos falam de sentimentos, sobre se amar, amar e ser amado.

Beijo, com todo o meu amor.

Pamela Magalhães

Introdução

Se amar, amar e ser amado

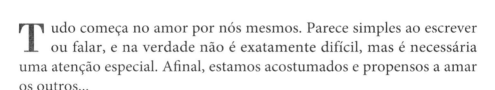

Tudo começa no amor por nós mesmos. Parece simples ao escrever ou falar, e na verdade não é exatamente difícil, mas é necessária uma atenção especial. Afinal, estamos acostumados e propensos a amar os outros...

Se eu lhe perguntar sobre seus grandes amores, possivelmente você pensará em alguma pessoa especial na sua vida, com quem já tenha se relacionado, ou um filho, um cachorrinho etc. Por esses grandes amores você já fez e faz muita coisa: dedica atenção, carinho, cuidado, prioridade, investimento. Mas você já parou para pensar sobre o amor por si mesmo? Isso nada tem a ver com egoísmo, mas com qualidade de vida e sobrevivência. O amor precisa brotar, crescer e fertilizar na gente antes de ser desenvolvido e direcionado aos outros. Caso contrário, estaremos continuamente dando o que não temos e buscando o que não reconhecemos em nós, alimentando ciclos carentes e vazios.

As nossas primeiras experiências afetivas dizem muito sobre nosso conceito de amor internalizado. Nem todos nós tivemos o amor de que precisávamos. Há quem tenha tido uma infância difícil, cuidadores negligentes, agressivos, afeto escasso ou abandono, por exemplo. Diante desse cenário, o amor tende a ser deficitário e, por mais que a pessoa queira ser amada, a maneira, onde e como o busca acaba sempre levando para o mesmo lugar "conhecido". Isso porque só vemos no outro aquilo que reconhecemos em nós mesmos e, enquanto não houver amor suficiente em nós, repetiremos padrões, presos à sensação de "falsa segurança" a que essas relações familiares nos remetem.

A reflexão sobre o conceito de amor configurado no nosso íntimo é fundamental para compreender o que reconhecemos como amor. Este é o modelo afetivo do qual nos aproximamos, atraímos e almejamos para fazer parte da nossa vida, independentemente de ser bom, consistente, ruim ou deficitário.

Vamos voltar alguns ou muitos anos atrás: como será que foi a gestação da sua mamãe? Complicada, gostosa, pacífica, atribulada... Será que a sua mãe estava preparada, a desejava, queria muito você? Vamos imaginar como foi a descoberta da gravidez: muita comemoração? Desespero? Indiferença? Nós sentimos tudo isso. Desde o ventre de nossa mãe já existimos, portanto podemos absorver cada uma das reações. Pense sobre todo o período na barriga da sua mãe, quais emoções ela passou e o que ela contava para você. O que passava? Momentos delicados? Perdas? Medos? Felicidade? Conquistas? Ela recebia carinho, vivia violência? Sentia-se angustiada, apreensiva ou era um sossego só... Colocava músicas para você ouvir? Ou discussões e brigas eram a trilha sonora mais frequente?

Então você nasce. Como foi esse nascimento? Dificílimo, natural, conturbado, a fórceps? Estavam esperando você? Não viam a hora de você chegar? Ou você chegou sem ter sido convidado? Sentiu medo, foi acolhido, respaldado, acariciado, aconchegado ou abandonado?

Depois, conforme os anos iam passando e você se desenvolvia, como era o ambiente da sua criação? Como seus pais e/ou cuidadores se relacionavam com você? Procure acessar suas lembranças, faça um esforço para recordar ou mesmo procure imaginar o que pode ter se passado. Segundo o psiquiatra e psicanalista John Bowlby, a relação do apego da criança com seu cuidador principal influenciará diretamente a sua capacidade de vincular. Conforme a internalização dos afetos, acolhimento, estímulos, validações e reforçamentos, poderemos nos perceber mais confiantes, seguros, ou angustiados, ansiosos e vulneráveis.

As primeiras experiências de amor estabelecem a base sustentadora de tudo que ainda estará por vir. Através do que vamos aos poucos absorvendo, conhecendo e sentindo, registramos no nosso código íntimo de referencial amoroso, relacional e sobre a nossa autopercepção e compreensão de nós mesmos.

Refletindo sobre esse período, recordo-me de uma frase épica do saudoso psicanalista D. W. Winnicott: "O primeiro espelho da criatura humana é o rosto da mãe: a sua expressão, o seu olhar, a sua voz [...]. É como se o bebê pensasse: olho e sou visto, logo existo!"

Quando somos verdadeiramente olhados pelos nossos pais e/ou cuidadores, passamos a ser percebidos, reconhecidos, sentimo-nos pertencendo, e então existimos.

É como se, através do olhar dedicado e interessado em nós, recebêssemos a autorização necessária para nossa estreia neste mundo, sem culpa, receio e em total liberdade.

Do contrário, podemos passar toda uma vida em busca dessa aprovação, reconhecimento, tornando-nos dependentes, extensões de nossos pais, atrelados às demandas particulares deles, misturados nos seus desejos e neuras, rebeldes e protestadores sem razão visível, mas carentes da certeza desse amor.

Precisamos de alimento, cuidados com nossa saúde física, educação, mas, essencialmente, precisamos de amor, da transmissão invisível do afeto, carinho para conseguirmos acreditar em nós mesmos, construir nossas pontes sustentadoras de conquistas e feitos durante nossa vida. E estabelecer vínculos consistentes, termos empatia e sabermos reconhecer e, então, valorizar aquilo que verdadeiramente seja bom, construtivo e agregador, traduzindo um emocional saudável e promissor.

O amor que recebemos é como nos ensinaram a nos amar, e a forma que nos amamos ditará as relações que aceitaremos.

A falta de amor-próprio nos torna vulneráveis às condutas autodestrutivas e interações de risco. Quanto mais deficitário for o amor por nós mesmos, mais esgarçada será nossa tolerância e limite de aceitação.

Milena foi minha paciente, em meados de 2010. Uma moça linda, doce, de fala mansa e andar tímido. Sempre com os cabelos cacheados cobrindo quase todo o rosto e ombros, parecia se esconder neles para se proteger de alguma coisa.

Olhava pouco para mim durante nossas sessões, e quando a convidava para direcionar seu olhar para meus olhos, podia deflagrar sua fragilidade. Em um de nossos encontros, ela me contou sobre seus pais: trabalhavam muito, quase não tinham tempo para os filhos e para eles mesmos. Seu pai costumava chegar da rua muito irritado, calado, e interagia pouco. No relato, a mãe é descrita como uma mulher triste e embotada, o que me sugere a possibilidade de um transtorno de humor. Milena foi pouquíssimo ou quase nada estimulada, validada, reforçada e amada. Como não teve afeto e interação suficientes dos pais, se isolou muito. Desnutrida emocionalmente, hoje padece com muitas dificuldades relacionais. Extremamente competente, exerce brilhantemente seu trabalho em TI, mas quando o assunto é amizade e relações amorosas, ela se esquiva e me diz não ter nascido para isso.

O amor legitimamente recebido interfere no nosso autoconhecimento, autoconfiança, percepção de si, do outro e do todo. Por isso, na falta dele, tendemos a nos perder na compreensão das linguagens relacionais, comunicação e organização dos sentimentos.

Para essa minha querida paciente, tudo e qualquer atitude que venha de fora passa a assustá-la, justamente por não conseguir identificar emoções, intenções e reações. Nessa situação, precisei desenvolver com ela a apropriação da sua identidade para a realização da sua existência. Começo pedindo para ela olhar para mim quando me conta sobre sua semana. Ainda que exista dificuldade, reforçar sua fala com meu olhar e interesse naquilo que é dito funciona como uma espécie de resgate reparatório do que faltou no seu passado.

Percebo que, diante disso, Milena se sente mais estimulada, com vontade de me contar mais sobre o que tinha feito. Nas sessões seguintes, pouco a pouco vai conseguindo fixar o olhar no meu rosto enquanto me relata suas experiências. Sempre que esquece, amorosamente relembro: "O que você disse? Olhe para mim, quero saber, estou interessada na sua história".

Aos poucos ela me conta, empolgada, suas experiências e nosso vínculo (bom) vai se firmando. Milena percebe que pode contar comigo e, para mim, isso automaticamente atua na reconfiguração da sua crença vincular, sobre o interesse que o outro tem sobre ela, sobre o espaço que pode ter e, mais segura do seu conteúdo validado, ela sente-se mais amada.

Constatar negligências afetivas e reconhecer a necessidade de realinhar e nutrir o amor por nós mesmos não deve ser encarado como o fim do mundo. Grande parte da população apresenta falhas e faltas afetivas, revelando percepções sobre si deturpadas e tendências a dinâmicas amorosas patológicas e medíocres, mas sempre será tempo de reabastecer-se de amor, revisar o seu amor por si mesmo, reciclá-lo e torná-lo apto para suas realizações.

O amor-próprio é essencial e muito mais relevante do que qualquer sentimento que possa vir de outras pessoas.

Trata-se de um sentimento de autoaceitação, orgulho, reconhecimento daquilo que somos, de reconciliação com nossa própria história e de paz com nossas escolhas.

Se não nos amarmos o suficiente, jamais conseguiremos nos apropriar de qualquer amor que venha de fora. Em vez disso, tenderemos aos desamores, atraídos por trocas restritivas, econômicas, problemáticas e intempestivas, refletindo nossas projeções e buscas insaciáveis de reparações de faltas exclusivamente nossas e/ou repetições de padrões disfuncionais viciados. Afinal, permitimo-nos interações e aceitamos aquilo que acreditamos merecer e que, de alguma forma, caiba nos nossos recursos de apropriação.

Enquanto não aprendermos a nos amar de verdade, nos conhecendo e ressignificando nossa história, gostando daquilo que somos, aprovando nossa existência, reciclando antigas crenças e nos tratando com carinho, manteremos nossa autoestima desnutrida, deflagrando um amor-próprio frágil e empobrecido, incapaz de suportar investimentos agregadores e construtivos, pela ausência de autorizações para absorvê-los.

É preciso exercitar o nosso íntimo para nos acostumarmos com o que é bom, reconhecer o que faz bem, para autorizar essa troca vital e transformadora de dar e receber amor de verdade, numa fonte inesgotável e crescente daquilo que é essencial e não dói, mas cura.

Conforme vamos nos reconhecendo e fazendo as pazes com o nosso passado, perdoando faltas, realizando resgates essenciais, amparando nossa criança interior, realinhando nossos limites de aceitação, tolerância e enaltecendo nossas virtudes e merecimento, tornamos o amor por nós mesmos suficiente e eficaz, no fortalecimento e preservação do nosso eu, para nunca mais nos sentirmos sozinhos ou vivermos a necessidade de estar com alguém, alimentando dinâmicas disfuncionais.

Construindo um amor saudável dentro da gente, atrairemos amores, companhias, lugares e oportunidades compatíveis e nos apropriaremos de todo esse sentimento, por identificarmos sua familiaridade e reconhecermos seu valor, de acordo com aquilo que carregamos dentro de nós.

Quando cheguei à sala de espera para chamar o paciente seguinte, lá estava Isabele. Aparentava quase 30 anos, cabelos nos ombros, lisos, que cobriam quase todo o rosto, ombros para dentro, franzina da cintura para cima e robusta da cintura para baixo. Chamei seu nome, ela me olhou timidamente e esperou que eu fosse até ela, direcioná-la para minha sala de atendimento.

Começamos a conversar, e Isabele me trouxe uma história de vida muito difícil. Seu pai, viciado em álcool e em outras drogas, havia falecido muito cedo. Quando Isa tinha 11 anos, sua mãe, sempre dura, ríspida e pouco acolhedora, logo engatou um novo relacionamento; deixava Isa e o irmão muito sozinhos, incumbidos dos trabalhos domésticos e venda de doces pela vizinhança. Com 14 anos, o irmão foi morar com uma tia na cidade grande, e ela, sem coragem de deixar a mãe com tantos afazeres, permaneceu.

A solidão e a escassez afetiva são marcos na vida de Isabele. Quando pergunto sobre amor, ela me diz que ama toda a sua família, chora muito quando fala do próprio pai que, mesmo com tantos vícios, tinha momentos de muito carinho e brincadeiras com ela. Ressalta que nunca conversou com sua mãe, ela nunca teve paciência ou tempo para "essas coisas", seu irmão tem jeito de ser bastante reservado e se falam pouco, já que ele mora longe e trabalha muito.

Quando me conta das relações amorosas, diz que não acredita nelas, e que sempre acaba se apaixonando por quem não está nem aí para ela, não se importa, não sabe o que quer.

Fico pensando em como Isabele poderia se interessar por pessoas interessadas nela, se nunca viveu algo assim na vida, e o que aprendeu foi justamente o oposto. Nós só reconhecemos aquilo que, em algum momento, experimentamos em nossas vidas. Isa precisa ser apresentada à reciprocidade afetiva, às suas virtudes, valores, perceber-se como a mulher especial e incrível que é, para que assim se permita amar e ser amada. Do contrário, serão ciclos infinitos de paixões vazias, empobrecidas, platônicas ou abusivas.

Minha estratégia com a Isa foi provocá-la a identificar escolhas, preferências e exercitá-la a enxergar o que ela deixa, traz e renuncia no seu dia a dia para, assim, trazê-la mais próxima de si mesma para um reconhecimento importante de quem ela seja e apropriação de suas valiosas características e percepção do que carrega, tem, quer, gosta e precisa.

Por vezes, não nos damos conta do quanto somos estranhos para nós mesmos. Alimentamos hábitos antigos que, de alguma forma, chegaram, foram impostos, aprendemos, tivemos como referência e que nem sequer sabemos se realmente fazem sentido para nossa vida ou caibam nela. Pode ser uma alimentação desregrada, irresponsável, um vício em bebida, em droga, em cigarro, uma forma de falar, de se portar, crenças e pensamentos limitantes, comportamentos reproduzidos, rigidez, obsessões, fixações e sonhos carregados que nada têm a ver com o que de fato acreditamos.

Sem notar, podemos carregar muito do que nunca foi nosso, mas sim herdado, aprendido e repetido por alguém que registramos como nosso referencial.

Assim, nos perdemos nesse arsenal de legados e não encontramos o que há de legítimo na nossa própria identidade.

Muitos de nós vivem algo parecido com o que minha doce paciente relata. Limitados em recursos pouco desenvolvidos, empobrecidos com nossas experiências dolorosas, traumáticas e desconhecedores das tantas possibilidades que temos em ser e ter desta vida. Podemos passar anos e, quem sabe, até toda a nossa trajetória por aqui, sem nem sequer ter experimentado uma forma de viver proporcional ao nosso merecimento, alimentando uma crença invisível, mas persistente, desencorajadora e desacreditada do nosso potencial.

Nunca é tarde para percebermos que algo não está indo bem e que precisamos repensar e realinhar o modo de condução da nossa forma de ser e estar neste mundo. O desejo de se conhecer mais e de se tratar com mais carinho é o primeiro passo em direção ao reencontro consigo mesmo. Tudo começa e termina em nós. É preciso parar de colocar nos outros o dever e responsabilidade da nossa felicidade e realização, entendendo que é em nós mesmos que habita tudo aquilo que precisamos para encontrar o sentido da nossa existência.

Ninguém, além de cada um de nós, conhece nossas lutas, esforços, investimentos, amores e desamores, sabe o que já passou, ao que teve que renunciar, escolher, deixar para trás e fazer para sobreviver. Só constatando isso, talvez você possa sentir em si todo o seu legado e se orgulhar. Afinal, bem ou mal, você sobreviveu todos os dias da sua vida até hoje.

Cada ser humano é um universo de experiências e possibilidades, segredos, mistérios, dores e delícias. Nossas decisões abriram e fecharam portas e nos levaram até onde chegamos e, independentemente de nossos erros e acertos, vivemos o saldo do que foi possível fazer até aqui. Em vez de tantas vezes nos criticarmos e nos atacarmos por isso, precisamos nos acolher, cuidar do que ficou, daquilo que há em nós, abraçando nossa verdade, absorvendo cada aprendizado, nos percebendo como eternos aprendizes de nós mesmos.

A partir do momento que aprendemos a olhar para a nossa totalidade com mais delicadeza, honrando a nossa existência, respeitando e considerando os nossos limites, poderemos nos posicionar conosco e com o mundo de maneira mais linear com os nossos propósitos, fazendo com mais cautela e sabedoria as nossas escolhas, para trilhar nosso caminho.

> **CADA SER HUMANO É UM UNIVERSO DE EXPERIÊNCIAS E POSSIBILIDADES, SEGREDOS, MISTÉRIOS, DORES E DELÍCIAS.**

Solte a corda

Deixe ir. Desconecte-se do que já está no passado e você insiste em manter no presente. Encerrar ciclos é fundamental para permitirmos o novo fluir.

Permita-se seguir seu rumo, continuar sua história. Pare de insistir em retomar o que já foi, em trazer para cá quem escolheu ir para lá. Respeite as decisões alheias às suas. Por mais que pareça ser injusto, inadmissível, incompreensível, simplesmente aceite as coisas do jeito que elas aconteceram e se realizaram. Tudo dura exatamente o tempo que precisa durar para contribuir para algum processo da nossa jornada. Sempre será o suficiente para plantar algo na gente, aprimorar, ensinar, mostrar, evoluir, sendo caminho, ponte ou destino.

Quando teimamos em interferir, lutando contra o que acontece, alimentando pensamentos paralisadores, crenças limitantes e definições traumáticas sobre o que nos tenha acontecido, estamos vibrando na contramão do fluxo, prejudicando o ritmo do nosso desenvolvimento. Às vezes, o que entendemos como errado e injusto, algo que tenha acabado ou saído da nossa vida, é essencial para alavancar ou viabilizar coisas importantes que estejam chegando nela.

O problema é que estamos tão apegados às nossas idealizações e costumes, do que acreditamos que deva ser e acontecer, que esquecemos de confiar no invisível, em um sistema infinitamente maior e mais poderoso que, mais para a frente, vai mostrar em suas resoluções a verdadeira razão de tudo. Por enquanto, evite resistir tanto e ser tão intransigente com o que lhe acontece. Entregue e confie. Faça sempre o melhor que puder, focando e se empenhando nas suas lutas, jamais desista de si ou dispa-se dos seus valores.

> **ESTÁ TUDO INDO BEM, VOCÊ ESTÁ EXATAMENTE ONDE DEVE ESTAR, PARA RESGATES VITAIS DA SUA HISTÓRIA. MANTENHA A ATENÇÃO PARA A FRENTE, PARA AS TANTAS OPORTUNIDADES QUE DESEJAM CHEGAR ATÉ VOCÊ.**

Está tudo indo bem, você está exatamente onde deve estar, para resgates vitais da sua história. Mantenha a atenção para a frente, para as tantas oportunidades que desejam chegar até você, mas que têm sido ignoradas e rejeitadas, diante da sua teimosia em olhar para trás e ocupar o hoje com expectativas ultrapassadas de ontem. Solte a corda. Desconecte-se do que precisa ir e conecte-se com o que anseia chegar.

Ressentimento

Talvez você seja uma pessoa ressentida e não saiba disso. Pode ser que alguma situação vivida tenha magoado muito você e até hoje não foi superada.

Quem sabe um abandono, traição, injustiça, rejeição. Algo difícil e muito dolorido aconteceu na sua história e, frequentemente, esse episódio volta à sua mente, vem à tona em diversos momentos do seu dia a dia, despertando raiva, dor, angústia, tristeza e uma série de outros sentimentos negativos que só contribuem para envenenar a percepção de si mesmo e do todo.

Ressentimentos são emoções ruminadas por nós e continuamente relembradas, mesmo que tenha se passado muito tempo. Há quem esteja magoado há anos com alguém e, vira e mexe, fala ou pensa nessa pessoa com raiva, mantendo um vínculo eterno de ódio, independentemente de ela fazer parte ou não da sua vida. Para o cérebro, basta você relembrar para que toda a situação ganhe vida. Isso significa todo aquele arsenal de sentimentos negativos e pesados sendo revividos continuamente. Já pensou no desgaste?

Nós não conseguimos voltar ao passado ou apagar algo que tenha ocorrido nele, mas sempre será possível olharmos atentamente para nossas feridas, evitando aprofundá-las e buscando novos significados para cada expectativa frustrada, falta cometida, falha, erro e dor que tenha nos impactado tanto. Não se trata de minimizar os fatos, mas olhá-los com a percepção do adulto que somos agora, encontrando um meio de trazer algum conforto para esses sentimentos permanentes e desorientados que se tornam ressentimentos tão pesados, assombrando nossas vidas.

Podemos nos apropriar da coparticipação que tivemos naquilo que muito nos atordoa e aliviar significativamente a sobrecarga que sustentamos no nosso mecanismo emocional de qualquer mágoa. Perdoar qualquer pessoa que tenha, de algum modo, nos decepcionado, e nos perdoarmos também, é um meio de pacificar nosso emocional e contribuir para a fluidez da nossa vida. Lembrando que perdoar não inclui permanecer com ninguém, mas se desvincular do que nada mais acrescenta ou significa.

Tire esse elefante das costas, pare de gastar energia com o que já foi, passou e está feito. Vire a página, mude o disco, desocupe a mente, esvazie o seu coração, dê espaço para que bons pensamentos, outras experiências e novas sensações possam chegar até você.

> **NÓS NÃO CONSEGUIMOS VOLTAR AO PASSADO OU APAGAR ALGO QUE TENHA OCORRIDO NELE, MAS SEMPRE SERÁ POSSÍVEL OLHARMOS ATENTAMENTE PARA NOSSAS FERIDAS, EVITANDO APROFUNDÁ-LAS E BUSCANDO NOVOS SIGNIFICADOS PARA CADA EXPECTATIVA FRUSTRADA, FALTA COMETIDA, FALHA, ERRO E DOR QUE TENHA NOS IMPACTADO TANTO.**

Confie em si e volte a acreditar em alguém!

Talvez você esteja, neste exato momento, dizendo a si mesmo que não dá para confiar em ninguém e que está exausto de quebrar a cara acreditando em quem não merece. Está certo. Decepção é um sentimento amargo, que dói à beça, principalmente quando é despertado por quem a gente mais amou ou, quem sabe, ainda ame. A sensação é de perder o chão, o rumo, o prumo e, com toda a certeza, durante algum tempo ficaremos descrentes e bastante sensibilizados com o ocorrido.

Não adianta querer passar por cima como um trator, racionalizando tudo, na tentativa de tornar lógico o que é subjetivo e sentido. Trata-se de sentimento ferido, e o único jeito nesse caso é respeitar o processo de cura dessa ferida: o tempo será responsável pela reorganização de nossas emoções, até nos restabelecermos.

Se essa impactante situação estiver se repetindo em sua vida, não quer dizer que seja carma, cruz ou castigo. O mais provável é que suas escolhas amorosas reflitam suas crenças internalizadas sobre seu merecimento, sempre atraindo parceiros que correspondam àquilo que lhe pareça familiar, validando o que você já acredita e conhece. É hora de revisar o histórico, vasculhar experiências, lembranças e legados para reformular tais crenças e permitir novas interações, mais promissoras e diferentes das de sempre e, claro, devemos estar mais atentos às sabotagens e boicotes que costumam nos levar aos mesmos lugares de antes.

> **...MESMO NA EXISTÊNCIA DO MEDO DE SOFRER, O DESEJO DE AMAR É AINDA MUITO MAIOR...**

Nós só conseguiremos voltar a confiar quando nos sentirmos mais fortalecidos e autoconfiantes de que, na possibilidade de vivenciarmos outra frustração, teremos mais respaldo para lidar com ela. Mais amadurecidos e conhecedores de nós mesmos, percebemos que, mesmo na existência do medo de sofrer, o desejo de amar é ainda muito maior, sem contar que nenhuma interação será igual a outra, ninguém é igual a ninguém. Ainda bem! E muito menos nós somos os mesmos de antes.

Decepção é um sentimento amargo que dói à beça, principalmente quando é despertado por quem a gente mais amou ou, quem sabe, ainda ame...

O amor não é "suportável", ele é bom

Já notou que faz um bom tempo que você justifica continuar nessa situação por dizer amar essa pessoa? O amor em si é lindo, mas a relação que você vive está longe de ser. Quais terão sido suas referências desse sentimento, para que você aceite, se submeta e se mantenha com tão pouco?

Por mais que exista uma série de faltas, decepção atrás de decepção, angústia, mágoa, momentos inenarráveis de ansiedade, você se força a acreditar que, independentemente de qualquer coisa, você ama e por isso tolera. Aqui há uma confusão de valores. Amar não é aceitar tudo. Amar, acima de qualquer coisa, é respeitar. Onde não houver respeito, não há amor.

Proponho uma mudança de pensamento. No lugar de "eu permaneço porque te amo", que tal "eu me amo o suficiente para não aceitar desamor"?

Antes de mais nada, é preciso se amar o bastante para não esgarçar a tolerância e permanecer em dinâmicas medíocres, tóxicas e restritivas, sustentando relacionamentos empobrecidos de proporcionalidade afetiva.

Quando, finalmente, desenvolvemos o autorrespeito, entendemos nosso valor e honramos nossos limites de aceitação. O posicionamento com o outro muda completamente, pois compreendemos que não precisamos suportar nada e que interação alguma é condicional.

Uma vez que existimos para nós mesmos, nossas fronteiras tornam-se evidentes e nos preservam de qualquer coisa que destoe do nosso merecimento.

> **AMAR NÃO É ACEITAR TUDO. AMAR, ACIMA DE QUALQUER COISA, É RESPEITAR. ONDE NÃO HOUVER RESPEITO, NÃO HÁ AMOR.**

É impressionante como a qualidade, formato e perfil dos nossos relacionamentos mudam. Tudo vai se encaixando no seu devido lugar, com muito mais harmonia e equilíbrio.

Quando descobrimos o real amor por nós mesmos, só permanece quem nos ama à altura, pois, finalmente, criamos a consciência de que ninguém faz conosco o que a gente não permite.

Preenchendo o vazio de si mesma

Em uma manhã qualquer ela acordou e, antes mesmo de abrir os olhos, sentiu um vazio imenso dentro de si. Ainda que muito desconfortável, não lhe parecia estranho, a sensação era de que já se conheciam de longa data. Sem conseguir sair da cama e muito incomodada, decidiu olhar melhor para o que esse vazio provocava, que se parecia com um buraco existencial imenso! Perguntava-se por qual razão ele poderia estar ali e se deu conta de que, desde sempre, colocou pessoas e coisas ali para não encará-lo.

Ao pensar em seu passado, conseguiu se lembrar de uma constante necessidade de ser percebida, vista e reconhecida pelo outro. Um mecanismo persistente e viciado em buscar e receber de outra pessoa o que não conseguia e não fazia a partir de si.

Recordou-se de que teve uma infância muito solitária, seus pais brigavam e trabalhavam demais, seu irmão, seis anos mais velho, sempre viveu fechado no mundo dele, o que a tornava ainda mais só. Sentiu pena de si e, ao mesmo tempo, percebeu que poderia ser exatamente essa a maneira de se encarar e revisitar a sua história, que poderia lhe conferir tamanha autopiedade e enfraquecimento de sua autoconfiança.

Na vida, tudo é questão de perspectiva, momento e recursos disponíveis para que possamos lidar com adversidades e inusitadas situações da nossa trajetória.

A falta do olhar que acolhe, aprova e reforça nas fases de desenvolvimento pode desencadear insegurança, sentimentos de rejeição e inferioridade, estimulando uma busca desenfreada pela autoafirmação e o preenchimento dessa falta.

> A FALTA DO OLHAR QUE ACOLHE, APROVA E REFORÇA NAS FASES DE DESENVOLVIMENTO PODE DESENCADEAR INSEGURANÇA, SENTIMENTOS DE REJEIÇÃO E INFERIORIDADE.

Ela não suportava mais passar toda uma vida colocando algo de fora para preencher o que é e sempre foi de dentro. Compreendeu que já era adulta e que poderia se munir de coragem e vontade de mudar esse *script* e fazer, por si mesma, o que sempre delegou aos outros. Não adianta, ninguém voltaria para salvá-la, nenhuma pessoa neste mundo é mais interessada na sua felicidade do que ela própria. Ela tem, sim, tudo que precisa para lutar por si, abrir novos caminhos e aprender a gostar e se fortalecer com a sua própria companhia. Ela decidiu encher-se de si mesma e ter a liberdade de escolher estar com alguém, se assim desejasse.

Resgatando-se

A decisão foi clara: chega, deu, cansou. Uma decepção atrás da outra, coleções de promessas não cumpridas, acreditar e tomar na cara.

Ela enxugou o rosto ainda deitada na cama, respirou fundo e foi até o banheiro. Debruçou-se na pia, jogou água gelada no rosto, olhou no espelho e prometeu para si mesma que, a partir daquele dia, iria amar-se como nunca, e para sempre.

Resgatou a maquiagem além do básico, toda empoeirada, e começou a experimentar algo novo. Fazia décadas que não passava uma sombra, batom marcante e abusava do rímel. Deu uma boa ajeitada no cabelo, passou aquele perfume que só deixava para os momentos especiais e que estava praticamente mofando na prateleira, e foi correndo para o armário escolher um *look* inusitado. Ela ainda nem tinha ideia aonde iria, mas estava a fim de estar bem com ela mesma e isso já bastava.

Revirou gavetas e cabides, achou uma blusa laranja que não usava havia anos! Ficou na dúvida se ainda servia e separou. Em seguida, mexendo nas calças, pegou uma preta maravilhosa que nem conseguia se lembrar da última vez que usou, mas sempre se sentiu poderosíssima nela.

Do lado do armário estava a sapateira, calçou uma sandália linda, que estava dentro de uma sacolinha e que é a coisa mais charmosa deste mundo! Faltavam os brincos, o colar e a bolsa, pegou rapidinho e, tomada de um sentimento indescritível de bem-estar e de satisfação de estar fazendo o que de melhor podia fazer por si, foi até a sala, abriu a porta de casa e saiu, rumo à liberdade de estar pronta para ela mesma, para o imprevisível, para o que a fizesse sorrir e se divertir.

> **ELA AINDA NEM TINHA IDEIA AONDE IRIA, MAS ESTAVA A FIM DE ESTAR BEM COM ELA MESMA E ISSO JÁ BASTAVA.**

Passou o dia todo vagando por diversos lugares que a faziam lembrar quem sempre foi. Foi cobiçada com olhares, trocou sorrisos, tomou sorvete, resolveu fazer as unhas, passear pela praça e depois voltou.

Depois desse dia, ela nunca mais foi a mesma. Entendeu que, muito embora as desilusões existam, jamais a farão desistir e esquecer da força que tem e da capacidade de se sentir feliz sem precisar de ninguém.

Saudade de mim

É muito comum reconhecermos a falta que sentimos de alguém. Um amigo especial que há anos não encontramos, uma paixão que se perdeu pelo tempo depois de tentativas frustradas, um ente querido que se foi. Mas e quanto a sentir saudade da gente mesmo? Saudade do que fomos um dia e que, na loucura diária, esquecemos de ser. Das risadas frequentes que rolavam solto, da cuca fresca, da ausência de tanta preocupação, dos sonhos que curtíamos em pensamento e prometíamos que algum dia iríamos realizar, das coisas que fazíamos e pareciam ser eternas, das habilidades que eram nossos *hobbies*, dos hábitos que eram partes imprescindíveis da nossa rotina, e do que achávamos sobre nós, que parece que esquecemos.

Gosto de, em alguns momentos, curtir essa saudade de mim e tentar saná-la de alguma forma. Costumo tentar lembrar do que eu gostava tanto de fazer no passado e que hoje não faço mais, ou, quem sabe, recordar de momentos especialíssimos e sentir de novo aquela emoção intensa que marcou uma época da minha vida. Às vezes, coloco para tocar músicas dessa fase da minha história para ativar a memória afetiva, fecho os olhos e tento me teletransportar para o passado e resgatar esses sentimentos...

É incrível o poder que a mente tem de nos permitir viajar. Considero muito importante esse exercício para não sucumbirmos à loucura do ritmo caótico deste mundo e, consumidos pela rotina frenética, esquecermos quem somos. Por mais que seus projetos atuais precisem de você e você deles, jamais desconsidere o quanto você precisa de si.

Nós necessitamos estar integrados com tudo aquilo que nutre nossa alma e essência, para nunca, em hipótese alguma, nos esquecermos de onde viemos, como estamos indo e para onde vamos.

> **Saudade do que fomos um dia e que, na loucura diária, esquecemos de ser. Das risadas frequentes que rolavam solto, da cuca fresca, da ausência de tanta preocupação, dos sonhos...**

A decisão da separação

A decisão da separação não acontece do dia para a noite. Na verdade, ela vai sendo estruturada, questionada, trabalhada e organizada por algum tempo.

O fato é que ninguém se casa pensando em se separar. Casamos com a pessoa e com um universo de expectativas e sonhos em conjunto. Com o tempo, o que é normal em toda relação, muita coisa vai acontecendo, idealizações e fantasias se chocam com realidades e rotinas, desconstruções são necessárias e ajustes e reajustes, inevitáveis. Só que, em vários casos, a insatisfação de todo esse processo é imensa. O que eu insisto aqui é para que você não busque culpar ninguém por isso, a relação é a dois e, se estão passando por perrengues e curtos-circuitos difíceis de serem contornados, a responsabilidade é de ambos, independentemente de ser mais de um ou do outro.

O fato é que a gente vai tentando, dá uma boa suada na camisa para reverter esse quadro, mas nem sempre da melhor forma. Afinal, em tantas situações, não basta só um estar disposto a recuperar a relação, né? Às vezes, nem é por não querer, mas por não conseguir mesmo, não encontrar meios de, por onde e nem como retomar. A coisa vai degringolando, tentamos tapar o sol com a peneira, jogar pra baixo do tapete, achar desculpas para justificar condutas descabidas, mas é tamanha falta de tudo e tanto desencontro, que o abismo existente entre os dois inviabiliza qualquer reconexão e ninguém ali se reconhece mais.

> RESPEITAR TODAS AS EMOÇÕES PERTINENTES E RECONHECÊ-LAS É FUNDAMENTAL.

Só que há outras variáveis envolvidas: filhos, família, bens, rotina, medo, costume, culpa etc. Leva um tempo para ter coragem suficiente e enfrentar cada uma delas. De acordo com cada caso, uma dessas variáveis, ou mais, torna-se tortuoso obstáculo para o passo definitivo da separação, e há quem permaneça bastante tempo nesse limbo em que a decisão interna já aconteceu, mas o comunicado, não.

Respeitar todas as emoções pertinentes e reconhecê-las é fundamental. Assim como fortalecer a autoestima, repensar crenças, elaborar sentimentos de culpa, preocupar-se mais com o que você sente do que com o que os amigos e família vão pensar, organizar com calma e sabedoria a logística com filho, ou filhos, e ir, pouco a pouco, preparando o emocional deles com muito cuidado, carinho e preservação para a mudança.

Para que seja possível encerrar esse relacionamento, encare o medo e desmistifique o que esse sentimento alimenta dentro de você. Trabalhe internamente seus desejos, recursos e propósitos de vida, mas respeite esse arsenal emocional e o tempo necessário para fechar definitivamente essa história. Mesmo com insegurança, mas com muita vontade de recomeçar, você vai ver que é possível sair de uma posição desconfortável e retomar as rédeas da sua vida.

Quando você não me quis mais

Eu achei que não suportaria a sua decisão de ir embora. Em meio a um choro interminável, eu tinha a mais absoluta certeza de que não suportaria viver sem você.

Tudo perdeu a cor, algumas pessoas especiais tentavam me consolar, mas eu permanecia cega na minha dor. Lembrava incessantemente da sua última mensagem dizendo para eu aceitar, ficar bem e que havia acabado.

Li e reli milhões de vezes, talvez com a esperança irracional de que a frase sumisse, fosse outra, você se arrependesse, sei lá! O mais difícil de tudo é que a nossa história acabou para você, mas continuou para mim.

Perdi a cabeça, enviei uma mensagem atrás da outra, nem me importava de estar falando sozinha, fiquei impulsiva e desesperada com a sensação de ter perdido o que mais amava na vida.

Queria encontrar justificativas para isso, algo que eu tivesse feito de errado, de mais ou de menos. Buscava nos últimos dias alguma falha ou pisada na bola e não encontrava... Sempre dei o máximo de mim e o amei com todas as minhas forças e verdade. Será que havia algo de errado com meu jeito, corpo, rosto, sexo? Que angústia! Uma ansiedade sem fim acometia minha alma e fazia minha mente viajar em turbulência, sem rumo.

Mergulhada nessa inquietante solidão e sem respostas, estava certa de que não suportaria. Foram noites em claro, crises ininterruptas de choro, muita saudade! Sentia falta de tudo! Dos beijos, conversas, saídas, brincadeiras, viagens, promessas e sonhos compartilhados.

Nada mais importava, minha cabeça se limitava e estava totalmente focada na sua ausência e nessa dor surreal. Todo o resto ia acontecendo no piloto automático, não conseguia me importar ou mesmo me afetar com qualquer outro fato ao meu redor, estava anestesiada nesse luto intenso que vivia.

> Outro dia acordei com um sentimento bom, abri a janela, tinha um lindo sol lá fora, canto de passarinhos, e eu sorri.

Os dias inacreditavelmente foram passando. Você meio que desapareceu e só algumas raras vezes enviava um mesmo tipo de mensagem rasa, superficial, pró-forma, pedindo que eu ficasse bem ou perguntando como eu estava. Cheguei a pensar que se importava, ainda me amava. Depois, achei que era por culpa, aí compreendi que era por educação mesmo. Você sempre foi educado.

Semanas se passaram, eu ainda chorava, mas bem menos. Comecei a lembrar e ter vontade de resgatar minhas coisas, lembrei de compromissos, projetos e consegui conversar com amigos queridos e familiares, sem despencar naquele choro histérico. Podia ouvi-los e isso também foi muito bom para mim. Comecei a ler um livro e refletir sobre ele, minha vida, escolhas e decisões.

Outro dia acordei com um sentimento bom, abri a janela, tinha um lindo sol lá fora, canto de passarinhos, e eu sorri.

Fechei os olhos, deixei a brisa me envolver e me dei conta de que me sentia em paz. Pensei no meu ex sem tristeza, apreensão ou qualquer outro sentimento que não fosse sobre um passado que passou.

Ele sempre fará parte do que fui, estará em um ou alguns capítulos que contribuíram para a construção do que sou hoje. O essencial é continuar escrevendo minha história, permitindo novos capítulos, porque há muita coisa ainda por vir, para ser, ter e conhecer nesta vida.

Autoconhecimento

Deitada na minha cama, abro os olhos e, mais uma vez, sinto aquele aperto no peito, coração angustiado e um vazio existencial. Levanto subitamente da cama, coloco a primeira roupa que vejo, chinelos, e saio de casa sem rumo certo, mas preciso sair de lá, de mim...

São seis e meia, o dia está clareando, quase ninguém na rua, uma brisa aconchegante refresca o meu rosto e nem sinal do sol. Vejo a praça, um banco e mais ninguém... quer dizer, parece que há alguém sentado ali. Aproximo-me e, quando olho melhor, a pessoa sentada me parece familiar. Eu não quero acreditar, mas sou eu, eu mesma ali sentada, plena, e cordialmente me convido para me fazer companhia. Sem pestanejar e desprevenida, aceito e me sento meio tímida, sem entender direito, mas ao mesmo tempo interessada em saber onde isso vai dar.

Surpreendo-me com uma vontade imensa de fazer uma série de perguntas para essa minha versão *zen*! E quanto mais sei sobre ela, quero dizer, sobre mim, mais vontade sinto de fazer mais perguntas, descobrir mais coisas, compreender mais sobre sua, quero dizer, minha história, medos, desejos, propósitos, e por aí vai...

Depois de uma intensa conversa e tantos caminhos trilhados, estávamos tão envolvidas que cogitei estar apaixonada por aquela pessoa tão profunda, interessante e interessada em mim.

De repente, ela me olhou intensamente, agradeceu a minha iniciativa de ter permitido o propósito desse encontro e foi se afastando de mim. Perguntei por que estava indo embora, tínhamos ainda muito para falar! Ela se virou, andou até mim, deu-me um abraço apertado, pediu que eu confiasse e soubesse que sempre, a qualquer momento, nós poderíamos ter outras conversas, porque agora eu já havia encontrado o caminho.

Ainda de mãos dadas, após o abraço, eu lhe disse: "qual caminho?"

Sorrindo, me respondeu: "do autoconhecimento".

E eu acordei.

> **AINDA DE MÃOS DADAS, APÓS O ABRAÇO, EU LHE DISSE: "QUAL CAMINHO?" SORRINDO, ME RESPONDEU: "DO AUTOCONHECIMENTO".**

Quando me tornei sem-vergonha

Eu fui uma criança bem extrovertida, gostava de conversar com todo mundo, adorava tocar nas pessoas, convidá-las para o meu mundo e visitar o delas. Vivia em paz comigo e me divertir com cada detalhe do meu dia a dia era parte da minha rotina.

Não me importava em absoluto com nada. Podiam achar o que quisessem e pensar o que lhes passasse pela cabeça. Vivia sorrindo e conversando com quem cruzasse o meu caminho, e assim se deu toda a minha infância.

Aliás, a criança é pura nos seus sentimentos e percepções, não mascara, oprime, nem esconde o que sente. Não julga, não tem preconceito, é curiosa e isenta de maldade, nunca imagina que alguém tenha pensado ou possa pensar algo ruim sobre ela.

Não conseguiria dizer ao certo quando foi, mas em algum momento da minha pré-adolescência eu comecei a ter muita vergonha. Tinha vergonha de tudo, desde o dedão do pé ao fio de cabelo; desde a minha voz ao simples caminhar da sala de aula até o banheiro. Eu tinha uma espécie de pensamento frequente de que tudo meu era inadequado, errado, feio e sei lá mais o quê. Esse pensamento recorrente me limitava e sempre barrava o meu desempenho na vida, o que confirmava em mim a eterna sensação de insuficiência.

Se por um lado não me arriscar em nada transmitia a sensação de prudência e autopreservação, por outro fazia de mim eterna prisioneira das minhas potencialidades, desejos e estreias, sempre censurados e reprimidos. Demorou um bom tempo para que eu colocasse na balança o quanto valia a pena esse jeito de ser, e o quanto arriscar surgir no mundo poderia ser mais vantajoso para mim.

> TER VERGONHA É UM ATRASO DE VIDA E VIVER SEM ELA É DELICIOSAMENTE LIBERTADOR!

Claro que dá muito medo "colocar as manguinhas de fora". Ter opinião e expor o que se faz, quer ou pensa sempre causará algum impacto. Tem quem goste e elogie, quem pouco se importa e seja indiferente, até quem se doa, sinta-se incomodado e ataque. Esse é o preço de se posicionar, aparecer e encontrar um lugar neste mundo.

Resolvi aceitar a realidade. Não sei como foi exatamente esse processo, só sei que fui percebendo que não precisava mais daquela vergonha – que fez parte de mim durante um bom tempo –, e fui esquecendo de levá-la para onde ia, até perdê-la de vez em algum lugar... E, quer saber? Espero que ninguém a encontre, porque ter vergonha é um atraso de vida e viver sem ela é deliciosamente libertador!

Suma dele

Foram dias e mais dias pensando nele. Mensagens, investimentos e sonhos com ele. Quanta energia gasta! Pensamento focado em uma pessoa que não corresponde e, quando responde, é econômica e monossilábica. Chega de corroer a mente, roer as unhas e apertar o coração por alguém que, simplesmente, não está nem aí. Você tentou de diversas formas, buscou e inventou todos os meios de chamar a atenção, arrancar algum interesse, iniciativa, e nada. Em troca de tudo, é uma esnobada atrás da outra...

Você até tentou se avisar, lembra? Já estava passando dos limites tamanho empenho, e ele estava começando a dar sinais de gostar de ter alguém como você em cima, sempre ali, marcando presença, alimentando o ego e lustrando a vaidade dele.

Depois que a gente ultrapassa uma linha invisível, chamada de "limite de dignidade", apertamos um bendito botãozinho (você sabe bem ao qual me refiro) e pronto! É textão de um lado, áudios infindáveis de outro, ligação de desespero na madrugada, com direito até a apelar para amigos, familiares e visitinhas inesperadas.

Chega! Está tudo infestado demais de você! É você na mensagem de texto, no áudio, em todo canto, o tempo todo!

Não é assim que se consegue algo nesta vida. Não é forçando ou fazendo alguém a engolir que existirá reciprocidade. Para começar, você precisa reconhecer a ausência de resposta, a desproporcionalidade de interesses nesse momento, respirar fundo e, mesmo com dificuldade, se conter. Segure o dedinho nervoso e o coração aflito, porque está faltando inteligência emocional nesse seu jeito de lidar com a situação. Essa pessoa está acostumada com a ideia de que você está sempre e totalmente disponível para ela. Você se tornou óbvia! E é isso que vamos mudar agora!

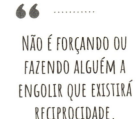

Por mais difícil que pareça, você precisará sumir para que ele sinta a sua falta e, depois, ele vai aparecer para você, para recuperar a existência dele.

A sua ausência dará a oportunidade do outro perceber o que você preenchia, podendo dar um novo valor, enxergar você de fato e correr atrás do que perdeu. Além de, claro, você se restabelecer, aprumar, fortalecer sua autoestima e reavaliar se vale a pena mesmo alimentar esse desejo.

Corre o risco de nada acontecer e essa pessoa nunca mais procurar você, mas ao menos terá encerrado a insistência por alguém que não a quer e que só atrasava a fluidez do seu caminho.

De vez em quando

A pessoa procura você de vez em quando. Aparece do nada. Pode ser no meio da madrugada, em um dia de semana qualquer, ou em pleno domingo de manhã. Você nunca sabe quando ela irá surgir, o que se sabe é que você sempre está à espera, no aguardo que isso aconteça. Constantemente, preocupa-se em se mostrar presente, sente um medo danado de ser esquecido(a). Manda mensagens, responde rapidinho, está sempre a postos, sofre pela ausência e vive em uma permanente espera.

Essa pessoa gosta de você, mas prefere estar com você quando é conveniente para ela. Faz questão de não abrir mão de muita coisa, nem de se esforçar ou se dedicar em investir em você. Quer estar junto quando rola fácil, quando sobra tempo, dá vontade, cabe, ou não tem nada melhor para fazer. Em relação à proposta relacional dessa pessoa, não haveria nada de errado se você agisse da mesma forma, na proporcionalidade compatível. O problema é que ela entra com muito pouco ou quase nada, e você com tudo, entrega total e plena.

Você sofre uma decepção atrás da outra, está sempre acreditando que as coisas vão melhorar, que essa pessoa vai enxergar você, assumir, valorizar, mas nada. Em vez disso, é uma desculpa atrás da outra para não estar com você ou ver você, não responder ou lembrar do compromisso.

Quando você está prestes a desistir e compreender que merece mais, que não suporta mais essa situação, essa pessoa surge com uma migalhinha afetiva, que funciona como uma labareda nos seus sonhos e na sua vontade de fazer dar certo. Isso é o bastante para você retomar o engajamento com ela. Não demora muito para que tudo volte a ser como antes, e lá está você preenchendo as lacunas dessa pessoa e passando a maior parte do tempo só novamente.

Claro que não é fácil. Gostar de alguém que também gosta, mas não está disposto a assumir a relação, é muito difícil. A gente precisa juntar muita força, sei lá de onde, para compreender que não dá para viver na fila de espera, no banco reserva, em banho-maria, aguardando alguém decidir priorizar o relacionamento e nos colocar no lugar que merecemos. É necessário perceber que não dá para continuar alimentando uma dinâmica que não corresponde à nossa expectativa, que nos frustra mais, nos deixa ansiosos, remete à falta mais do que qualquer outra coisa. Ainda que o sentimento por essa pessoa seja imenso, o amor por nós mesmos há de ser suficientemente maior para não aceitarmos mais essa condição de menosprezo. Ninguém merece ser considerado de vez em quando, sentir-se especial de vez em quando, receber carinho de vez em quando ou ter atenção de vez em quando. Merecemos ser levados a sério e nos sentirmos amados o tempo todo.

> **AINDA QUE O SENTIMENTO POR ESSA PESSOA SEJA IMENSO, O AMOR POR NÓS MESMOS HÁ DE SER SUFICIENTEMENTE MAIOR PARA NÃO ACEITARMOS MAIS ESSA CONDIÇÃO DE MENOSPREZO.**

Vício em querer

Com frequência eu escuto de muitas pessoas a frase: "Tudo que quero nesta vida é encontrar a pessoa certa e ser muito feliz ao lado dela!". Em um primeiro momento, esse desejo parece comum e corriqueiro.

As pessoas buscam, incessantemente, um grande amor. Têm claramente isso em mente e gritam, aos quatro cantos do mundo, o quanto querem ser amadas. Mas será que realmente suportam esse amor que tanto almejam? Pois é, soa um tanto contraditório, mas é exatamente essa a questão. Esse desejo parece irresistível enquanto não concretizado, porém, uma vez sentido, as coisas mudam de figura. Talvez já tenha acontecido com você.

Sabe aquela vontade absurda de ter uma piscina no prédio já que, na nossa perspectiva, todos que conhecemos possuem, e que tê-la nos faria muito felizes e mudaria a nossa vida? Poderíamos reunir amigos em torno dela, fazer churrasco, nadar, tomar sol e nos divertir muito! Quando esse sonho se concretiza, nos primeiros meses é uma maravilha só. Visitamos a piscina direto, mas, com o tempo, ela vai deixando de ser novidade, o desejo é tido como realizado, e sem querer, muitas vezes, acabamos até esquecendo de sua existência. Curioso, não?

Tudo isso para lhes dizer que o ser humano tem uma tendência de querer o que não tem ou não pode ter. Como se isso, de alguma forma, lhe desse um sentido de vida, um significado.

Quando todos esses desejos são correspondidos, é como se tudo perdesse a graça e a vida passasse a ser em preto e branco. O desafio de querer e não poder ter desperta cobiça, provoca ação e movimento. Por isso, o ato de amar e se permitir ser amado não é para qualquer um, não. É, sim, para aqueles que conseguem se apropriar da paz e estabilidade da reciprocidade de sentimento.

> O DESAFIO DE QUERER E NÃO PODER TER DESPERTA COBIÇA, PROVOCA AÇÃO E MOVIMENTO. POR ISSO, O ATO DE AMAR E SE PERMITIR SER AMADO NÃO É PARA QUALQUER UM, NÃO.

O estado de amar e ser amado é bem diferente do desafio inquietante da busca pelo grande amor. O amor correspondido promove segurança, certeza, desnuda mistérios e derruba todas as máscaras possíveis e imagináveis que poderíamos nos apropriar nessa caçada infinda. O interessante de tudo isso é que alcançar esse estágio não é tão difícil, mas manter-se nele, sim. Aí a história muda de figura. Para muitos, essa sensação de calmaria, tranquilidade, como uma ressaca do mar após uma tempestade longa e nebulosa, é extremamente intrigante e incômoda, como se faltasse algo, ou se alguma coisa estivesse errada. Nessa sensação são geradas as famosíssimas crises e, claro, a necessidade de saná-las. E, por incrível que pareça, essa busca passará a ser desafiadora a ponto de ser irresistível, como antes era a busca pelo aclamadíssimo amor recíproco.

Excluídos os casos de comodismo, temos aqueles que abraçam o desafio de permanecer nesse mar manso e pacífico porque, ainda que tranquilo, sempre haverá ondas que passarão por todo esse mar e renovarão suas águas, sem mudá-lo. Para tanto é necessário sabedoria e paciência.

Claro, não é todo mundo que gosta de mar. Cabe a cada um saber o que quer, do que gosta, do que precisa e, principalmente, do que suporta e permite se apropriar e vivenciar a entrega.

Medo de relacionamento sério

Nem todo mundo transita no campo relacional com tranquilidade. Muitos ficam apreensivos, sentem-se ansiosos e ameaçados com a possibilidade de vivenciar algo que remeta à sensação de perigo e vulnerabilidade. Por causa de experiências passadas e legados de modelos familiares, acabam resgatando crenças negativas e amedrontadoras de algo que possa trazer intensa frustração e insucesso.

Esse medo de relacionamento sério pode aparecer das mais variadas maneiras. Há aqueles que dificilmente repetem um encontro que, de alguma forma, tenha mobilizado seus sentimentos. Ameaçados, encontrarão alguma razão para evitar o repeteco, que poderia favorecer o desenvolvimento da interação, intimidade e estabelecimento de vínculo. Buscam desesperadamente alternativas de fuga, como compromissos de última hora ou atitudes que boicotem e inviabilizem o encontro.

Há aqueles que possuem na ponta da língua uma lista extensa e extremamente exigente, com pré-requisitos ditos básicos que o parceiro deve ter, e o nível de exigência é proporcional ao medo da frustração. Como se trata de seres humanos – e todos temos nossos defeitos –, fica praticamente impossível encontrar alguém à altura.

Há os que constantemente se interessam por pessoas casadas, comprometidas ou verdadeiramente complicadas, dificultando a possibilidade de um compromisso. O radar já está direcionado para esse perfil. Parece existir algum tipo de "dedo podre" apontando, para que sempre se apaixone por esse perfil. Mas a verdade é que, pelo medo de uma relação viável e consciente, o inconsciente sempre escolhe aquela pouco promissora, que dificilmente vai alavancar.

> O MEDO DE COMPROMISSO FAZ O INDIVÍDUO EVITAR SAIR COM A MESMA PESSOA, CERCEANDO QUALQUER POSSIBILIDADE DE APEGO.

Há quem insista em repetir as mesmas justificativas para si mesmo, e para todos à sua volta, para permanecer em uma situação falsamente segura, a chamada zona de conforto. Pessoas assim utilizam, por exemplo, a máxima de que, em todo lugar que frequentam, nunca aparece alguém interessante o suficiente que possibilite qualquer esboço de relacionamento. Frequentemente está munido de argumentos convincentes do quanto está impossível encontrar alguém que queira compromisso e que o leve a sério.

O medo de compromisso faz o indivíduo evitar sair com a mesma pessoa, cerceando qualquer possibilidade de apego. Caso saia algumas vezes, por estar gostando e sentindo que está perdendo o controle, pode mudar o comportamento do nada, afastando-se e esfriando a relação. Além do hábito pra lá de sabotador de relembrar e recontar histórias de relacionamentos passados que geraram grandes frustrações, para causar desencorajamento e confirmar crenças negativas, desestimulando o mergulho na relação.

Evitar um relacionamento é uma maneira de se proteger da possibilidade de se entregar e se frustrar. Por esse motivo, a primeira reação diante da aproximação de uma relação séria é evitá-la ao máximo, já que o histórico amoroso não é lá tão agradável ou deixou significativas marcas no passado.

Quando deixamos de nos aventurar em novas histórias amorosas, com medo do desconhecido, acreditando que possam nos levar à dor e ao sofrimento, deixamos também de vivenciar momentos de muita alegria, intensidade e aprendizado. A cada situação que nos permitimos viver, temos a oportunidade de agregar uma nova experiência e, consequentemente, crescemos e amadurecemos.

Nenhuma relação é igual a outra. Cada uma desperta algo novo na gente. Sem contar que nós também não somos os mesmos de antes. Quanto mais evoluídos emocionalmente, mais preparados estamos para vivenciar um relacionamento afetivo de maneira saudável e duradoura. Pois passamos a nos conhecer melhor, a entender nossas reais necessidades e compatibilidades, separando o que é ferida do passado, vivenciada ou herdada, e o que é do coração.

Casal simbiótico

Olhe bem para o seu relacionamento. Você consegue se encontrar nele? É possível distinguir quem é você e quem é o parceiro na relação? Ou, quando alguém lhe pergunta sobre você, na resposta não há como não incluir o outro?

Descuidamo-nos da nossa individualidade em uma relação ao entendermos o outro como extensão de nós mesmos, buscando complementar um vazio interno. Acreditando que, dessa forma, nos sentiremos plenos e completos. Ledo engano. Quanto mais nos misturamos com o outro, mais nos perdemos de nós mesmos. Antes de pensar em estar com alguém, é preciso aprender a estar consigo mesmo.

Conhecendo melhor a nós mesmos, podemos escolher o que mais se ajusta a cada um, evitando a manutenção de relacionamentos falidos, apenas pelo fato de não se tolerar estar só.

Estar com alguém pode ser e é muito bom. Mas deve ser encarado como algo gostoso, que acrescente, que enriqueça, e não como uma necessidade. Relacionar-se com alguém sempre será uma escolha, jamais uma condição.

Um relacionamento simbiótico é complicado para quem está nele, diante da ausência de autonomia e liberdade de ambas as partes. E muito chato para quem está ao redor, pois, se não há espaço para um terceiro, que dirá para um quarto, quinto ou sexto elemento.

O ciúme, normalmente, está presente pela necessidade de controle constante: um não pode fazer nada que, de alguma forma, possa ameaçar ou não beneficiar o outro. Por essa razão, a individualidade é tão prejudicada e, praticamente, inexistente nesse perfil relacional.

Independentemente da vontade de quebrar o contrato simbiótico e fazer o que se tem vontade – respeitando a própria autonomia e liberdade –, o medo de perder o outro e perder-se é tamanho, que o comportamento permissivo se instala.

Essa conduta contribui para a perda de inúmeros momentos e oportunidades, que passam a ser frequentemente descartados em função desse modo de agir, favorecendo o isolamento do casal em um mundo no qual a única presença indispensável é a de ambos.

Por trás do comportamento simbiótico existe um medo muito grande da entrega. Entregar-se ao outro, colocando seus sentimentos, seu coração em risco; assumir responsabilidades de uma relação que pode, em algum momento, não dar certo. Lidar com sentimentos de frustração, rejeição ou perda pode ser apavorante para alguém que, por não se conhecer, tampouco reconhece seus recursos de enfrentamento e resistência.

O casal simbiótico torna-se aos poucos tão parecido, a ponto de um adivinhar o pensamento do outro, saber qual a roupa que o parceiro irá vestir, sem mesmo vê-lo – e o mais impressionante –, e até podem passar a ter o mesmo cheiro. O outro passa a ser óbvio o suficiente, o que, se por um lado conforta, constatando o controle total, por outro desencanta… Afinal, não conseguem mais identificar com quem estão. Tudo parece ser uma coisa só.

Quando se percebe esse desencantamento, é importante a inserção de limites para o resgate da relação, para que ambos possam voltar a se enxergar e se reconhecer na sua autonomia e individualidade. Diferentemente do que dita a mente simbiótica, os pensamentos divergentes, as diferenças de opiniões, gostos e ideias podem esquentar uma relação, pois são eles que nos tornam únicos, originais e determinam a nossa personalidade.

Se você está lendo este texto e se identificando com ele, não adianta sair correndo para crucificar o seu parceiro ou a sua parceira. Se há um comportamento simbiótico da parte dele ou dela, você também deu a sua contribuição para isso, foi permissivo o suficiente para que o relacionamento assumisse esse formato.

Então, a saída não é culpar alguém, e sim procurar conversar com seu parceiro ou parceira, e descobrirem a razão dessa conduta. E como, juntos, poderão preservar a individualidade de ambos, sem ferir a cumplicidade que existe e lhes é tão importante.

Agindo dessa forma, estarão não só recontratando a relação, mas evitando a possibilidade de um desgaste maior em longo prazo. Enfrentando esse medo de perder o outro, entenderão que não é preciso – e nem temos – o direito de ter a posse do outro. E que o melhor de uma relação é sua espontaneidade, pela existência do amor, vontade, desejo, carinho e não a dependência afetiva.

A partir do momento que forem estabelecidas para ambos a confiança e a certeza de que estão juntos por escolha, e que para isso não é necessário abdicar de suas vidas individuais, estarão no caminho de uma convivência muito mais agradável. Encontrando espaço para serem o que são, podendo colocar seus pontos de vista, pensamentos e emoções, entendendo que isso não significa perder-se do outro; pelo contrário, esta será a fórmula para manter acesa a chama da paixão por muito tempo.

> ESTAR COM ALGUÉM PODE SER E É MUITO BOM. MAS DEVE SER ENCARADO COMO ALGO GOSTOSO, QUE ACRESCENTE, QUE ENRIQUEÇA, E NÃO COMO UMA NECESSIDADE.

Você já disse "não" hoje?

Você é daquelas pessoas que, mesmo estando mal das finanças, emprestam um alto valor em dinheiro para um colega, pois ele está com uma dívida há anos e pediu sua ajuda? Que nunca negou uma carona para alguém, mesmo que o destino daquela pessoa ficasse completamente fora de mão para você? Que jamais deixou de atender a um telefonema de um amigo que insiste em ligar todo final de semana para se queixar dos problemas na empresa ou no relacionamento, mesmo que você esteja ocupado com uma visita, exausto, ou executando algum trabalho importante?

Se você se identificou com alguma dessas situações, é sinal de que dizer não é algo raro e bastante difícil na sua vida, sendo mais comum a priorização dos interesses do outro, em detrimento dos seus. Sem dúvida nenhuma, você já se perguntou: "Por que insisto em fazer isso comigo?". A resposta parece simples: há um imenso receio em frustrar as expectativas do outro em relação a você mesmo. O pensamento inconsciente é: "Se desagrado alguém, posso perdê-lo". Dessa forma, a possibilidade de perda afetiva pode ser aniquiladora.

Para algumas pessoas, dizer não soa tão natural e espontâneo, que isso que estamos tratando aqui não faria o menor sentido. Afinal, qual é o problema em negar algum pedido? É possível agradar a todos o tempo todo? Aqui, sem rodeios, definitivamente a resposta seria não!

Então, racionalmente, qual seria o problema em dizer à minha amiga que não posso conversar com ela naquele momento, pois estou com milhares de tarefas do trabalho para fazer, por exemplo? Simples, basta colocarmos limite. Na vida, precisamos disso. Por que temos de fazer o que não queremos, apenas para agradar o outro?

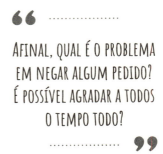

AFINAL, QUAL É O PROBLEMA EM NEGAR ALGUM PEDIDO? É POSSÍVEL AGRADAR A TODOS O TEMPO TODO?

Contudo, precisamos ser emocionalmente maduros, ou a nossa criança interna nos impulsionará a agir diferente do que manda o pensamento racional. Diante de uma intensa sensação de insegurança e vulnerabilidade, impressões comuns ao universo infantil virão à tona: essa criança precisa se sentir amada, aceita e, dessa forma, segura. Por isso, gratificar o outro é tão importante.

Esse insistente comportamento de dizer "sim" em vez de "não" gera, gradativamente, um acúmulo de pendências que são atendidas contra a verdadeira intenção do eu. Assim, essa sobrecarga tende a causar no indivíduo sentimentos de angústia, ansiedade, insatisfação, irritabilidade, favorecendo a baixa autoestima e possíveis quadros ansiosos e depressivos.

Vamos analisar com cautela. É claro que, em algumas situações, priorizamos o outro, e isso é muito saudável. É sinal de que não nutrimos ideologias e comportamentos egoístas. Mas, se agirmos dessa forma o tempo todo, não nos faremos respeitar e, constantemente, seremos invadidos, violentados no nosso emocional, que sairá sempre desgastado e prejudicado. Por que não usar o jogo de cintura? Coloque de uma forma delicada, mas assertiva, sua posição diante de um pedido que, naquele momento, não é confortável ou passível de execução. Claro que, de alguma forma, o outro terá sua solicitação negada, mas não será por isso que seu vínculo com ele deverá ser destruído. Mas, caso seja, que qualidade esse vínculo realmente tinha?

É importante entendermos que nunca conseguiremos agradar a todos. Por mais que façamos – mesmo que até seja muito além do que poderíamos –, para alguns nunca será o suficiente. Por isso, procure cultivar atitudes que lhe proporcionem bem-estar e, quando tiver de abrir mão de algo seu para alguém, que seja para quem valha a pena. Tenha certeza de que, mesmo sendo sacrificante, esse esforço em priorizá-lo ainda será válido.

Respeite seus desejos, seus limites e, caso alguém não os perceba, aponte, deixe claro. Quem determina até onde o outro pode entrar no seu mundo é apenas, e exclusivamente, você.

Você se sabota?

Embora alguém de fora alerte, apontando uma autossabotagem, é muito difícil o próprio sabotador se dar conta dessa postura tão prejudicial. O mais comum é o indivíduo manter-se queixoso sobre seus insucessos e frustrações, vitimizando-se pela vida, exclamando, a torto e a direito, o quanto o mundo é injusto e como nada dá certo com ele. Seus relacionamentos afetivos tendem a apresentar a mesma problemática; no trabalho, as dificuldades com o chefe persistem; os amigos abusam da sua boa vontade; a conta bancária sempre está no vermelho; por mais que tente e se esforce, ele nunca consegue atingir o corpo almejado.

Castigo? Carma? Cruz?

Na verdade, tudo indica que não. O fato é que há uma frequência de situações com desfechos semelhantes, em decorrência de uma repetição inconsciente de um padrão comportamental adquirido desde a infância, que segue até o momento atual, podendo ser desde hábitos considerados triviais, como coçar a cabeça quando algo o atordoa, a atitudes e posturas de ação e reação tomadas no trabalho, em casa, consigo mesmo, que acabam contribuindo para a formação do chamado ciclo da autossabotagem.

Durante o nosso desenvolvimento como ser humano, assimilamos ideias, informações, regras e modelos de condutas de comportamentos absorvidos principalmente da família, que armazenamos e passam a ditar o nosso comportamento e comandar nosso mecanismo psicodinâmico, estimulado pelo nosso inconsciente.

Para exemplificar, imagine uma criança brincando na sala e, de repente, ela derruba um pote de biscoitos que, imediatamente, se quebra em pedacinhos. Em seguida, sua mãe vai às pressas do quarto para a sala e, sem se dar conta, pisa nos cacos quebrados e se fere acidentalmente, tendo que ser levada ao hospital por toda a família – inclusive pela criança que, culpada, chora compulsivamente –, enquanto seu pai e irmãos, bravos, dizem insistentemente as frases que perduram por longos anos em sua mente: "Você faz tudo errado, você estraga tudo, você não sabe fazer nada direito!".

O tempo passará, esse indivíduo crescerá, e digamos que ele se veja na seguinte situação: conhece uma mulher maravilhosa e ele tem muita vontade de chamá-la para jantar. Ao mesmo tempo em que há um desejo imenso de fazer o convite e escolher um lugar magnífico para aquele momento, há também um pensamento programado persistente, que martela em seu inconsciente, o conceito de que ele faz tudo errado, que estraga tudo e que não sabe fazer nada direito.

Mas, se esse desejo for forte o suficiente, esse indivíduo poderá superar os receios, fazer o convite e sair com a garota que tanto o encanta. Porém, no surgimento de qualquer sensação de insegurança, fragilidade ou mesmo algum obstáculo na relação, como a sua tolerância à frustração é muito escassa, ele facilmente retomará todo o pensamento programado a respeito de si mesmo. Acreditando nisso, seu posicionamento será proporcional à sua crença em si próprio, como alguém que faz tudo errado e que destrói aquilo que mais ama. Por mais prejudicial que possa ser ao indivíduo, essa postura estará coerente com aquela atitude que lhe confere identidade e segurança, e é isso que o escraviza nela.

Cada vez que insistimos em repetir tais comportamentos negativos, devido ao padrão comportamental inserido, deixamos de lado a possibilidade de modificação e reformulação desse conceito, em função da resistência e do medo da mudança, dando margem a boicotes e desfechos que alimentam o ciclo.

Nesse momento, costumamos delegar para os outros, para o tempo, para um dia, ou para uma força sobrenatural, a responsabilidade de fazer com que todos os nossos problemas persistentes sejam eliminados.

Dessa forma, vivemos a ilusão de que algo ou alguém fará esse papel, mas que é nosso! Por esse motivo, a angústia e o sofrimento não cessam. É necessário que encaremos nossas falhas comportamentais, enfrentando nossos medos e revisando nossas antigas crenças. No passado elas nos impactaram, mas agora temos recursos suficientes para remanejá-las e superá-las.

> **É NECESSÁRIO QUE ENCAREMOS NOSSAS FALHAS COMPORTAMENTAIS, ENFRENTANDO NOSSOS MEDOS E REVISANDO NOSSAS ANTIGAS CRENÇAS.**

Ninguém aqui ousa dizer que lidar com o emocional é tarefa fácil. Muito pelo contrário. Quando resolvemos olhar para dentro, o que vemos, muitas vezes, é um labirinto confuso, onde é muito difícil encontrar saídas, que a vontade é deixar tudo de lado e desistir de encará-lo. No entanto, apenas abrindo mão de idealizações, balanceando o pensamento racional e as fragilidades emocionais, reconhecendo que muitas vezes não conseguimos traduzir o que de fato sentimos, daremos o primeiro passo para nos enxergar como realmente somos, e não como acreditamos ser.

É necessário que possamos nos reconhecer aos poucos e, assim, irmos gradativamente reconstruindo esse eu ferido, pois aquilo que ignoramos e existe dentro de nós é alimentado a cada comportamento destrutivo repetido. É como jogar a sujeira para baixo do tapete. Pode funcionar momentaneamente, mas logo a sujeira acumula de tal forma que o tapete se torna insuficiente para encobri-la.

Se o que precisamos – e queremos – é mudar o resultado conhecido, que só contribui para o massacre da nossa autoestima, temos que nos esforçar. Chega de se queixar, lamentar e nunca sair do mesmo lugar! Vamos trabalhar a raiz dos problemas, olhar de perto essa tristeza que há tanto tempo vem distorcendo a imagem construtiva que todos devem, e podem, ter de si mesmos.

Nem só de amor sobrevive um relacionamento

Talvez não soe tão charmoso quanto deveria, mas não é só de amor que vive um relacionamento duradouro. Além da importante manutenção e maturidade desse sentimento, administrar as finanças de forma adequada e equilibrada é fundamental em prol do bem-estar, união e harmonia do casal.

Vamos lá! Vocês acabaram de evoluir de um namoro para um noivado, até chegar a um casamento. Natural que, com o passar do tempo, muitas responsabilidades tomem corpo na relação: a compra de um carro, talvez um maior, para as crianças que chegarão ou que já chegaram; um apartamento mais espaçoso para a família, talvez com varanda, quem sabe; uma escola bilíngue de primeira para os filhos; seguro de vida, do carro, da casa; a escolha de morar em um bairro bacana; cursos de balé, artes marciais e violão para a criançada; enfim, muita coisa! São diversas as prioridades familiares e imposições sociais pra lá de exigentes.

Quando se dão conta, estão se matando de tanto trabalhar, pensando em manter toda a estrutura familiar, esquecendo-se de enfatizar a importância da qualidade de vida, que interfere nos prazeres individuais do casal.

Entendendo e conhecendo as prioridades um do outro, vocês partem para investir nesses itens relevantes para cada um, fazendo as concessões necessárias, sempre com muito bom senso. Por exemplo, se ela adora viajar e cuidar da saúde, e o seu parceiro aprecia jantar fora em lugares legais, precisam se organizar, preservando esses gostos, que nada têm de supérfluos e que compõem aquilo que torna a vida mais colorida, mais gostosa. Em contrapartida, devem diminuir os investimentos em outros elementos, talvez morando em um bairro mais simples, comprando um apartamento mais em conta, sem varanda, ou quem sabe um carro menos equipado, que cumpra suas funções, que atenda às necessidades, mas não as exceda, para que a organização do orçamento permita os gastos com aquilo que é essencial e propicie conforto ao casal.

> **O CASAL DEVE SE UNIR PARA BUSCAR A ESTABILIDADE E A REALIZAÇÃO DE SEUS SONHOS.**

Cada um é do seu próprio jeito e dificilmente casamos com alguém que pense igualzinho a nós. Porém, se a ideia é estar junto, ambos devem se conscientizar de que, desse momento em diante, existe uma parceria, um pensar conjunto, uma família. O pensamento egoísta deverá ser abandonado. A preocupação não poderá ser mais apenas com o seu próprio trabalho, a sua casa, o seu carro, a sua poupança. Esse mecanismo de pensamento acaba por isolar o indivíduo em um mundo apenas seu, não combinando em nada com a proposta de casamento e de família. Para tanto, deve-se pensar como um todo, ou seja, nos nossos interesses, pois trata-se da nossa família, da nossa felicidade.

O ideal é buscar o equilíbrio. O casal deve se unir para buscar a estabilidade e a realização de seus sonhos. Esquecer quem ganha mais ou quem ganha menos, quem trabalha mais ou trabalha menos, mas pensar em família, como cada um pode contribuir para o bom funcionamento da estrutura que eles mesmos escolheram. Uma vez que a política da batalha pelo bem-estar do casal está sendo exercida de forma consentida, a segurança da relação é preservada. O nível de tolerância frente aos obstáculos da vida será bem maior. Situações como a perda de emprego ou doença, por exemplo, serão encaradas com muito mais sabedoria, pois, em vez de fragilizar a estrutura, tornarão os vínculos ainda mais fortes.

Quando deixamos de abordar questões financeiras com o nosso parceiro, abrindo mão de compartilhar e dividir decisões, o casamento poderá ser caracterizado como uma sociedade: cada um cuida de seus interesses particulares, abdicando do ideal de pensar junto – que caracteriza uma união –, dando margem a possíveis conflitos e discussões e enfraquecendo a relação.

Para que a cumplicidade do casal seja preservada, é fundamental que exista o diálogo. Precisamos conhecer nosso parceiro, nossa parceira, e entender o que lhe é importante, o que é primordial para a sua felicidade, quais são seus sonhos, seus anseios, quais as atividades e consumos que o(a) fazem feliz.

A escolha foi viver junto, certo? Então, aproveite e explore a sua opção da forma mais gostosa e inteligente que puder. Dê as mãos ao seu parceiro, à sua parceira, reconhecendo como alguém que será parte de um todo em que a alegria de um será, consequentemente, a alegria do outro. Ligados e com uma afinada parceria, o sucesso estará em suas mãos. E se com duas mãos podemos fazer tanta coisa, que dirá com quatro!

Mãos à obra! Muito amor e sabedoria!

Durou o que tinha que durar

Frequentemente recebo em meu consultório pacientes desolados pelo término de um relacionamento amoroso. Chorosos, muitos debulham-se em lágrimas, buscando razões e justificativas para tais rompimentos. Frustrados, costumam apoiar seus rostos nas próprias mãos e, com expressão de autoconsolo, finalizam: "mais uma tentativa que não deu certo". E é exatamente sobre essa afirmação que vamos refletir.

Quer dizer que, quando um relacionamento não dura por toda uma vida, ele não deu certo? Ora bolas, pense bem! Há, sim, histórias amorosas que gostaríamos de pensar que não tivessem existido – mas existiram –, e insisto em enfatizar que também elas são fundamentais para nossa experiência relacional e exercício de nosso amadurecimento emocional.

Sempre digo que se não conhecêssemos a tristeza, jamais saberíamos reconhecer o privilégio do gozo de um momento feliz. Por isso, viver relações com saldos positivos e negativos se faz essencial para o nosso autoconhecimento e experiência de vida.

Além do mais, até dos namoros ou casamentos mais difíceis podemos tirar algum proveito. Por exemplo, se foi uma relação muito conflituosa, de muito arranca-rabo e estresse a troco de banana, ótimo! Devemos aprender a ficar bem longe de pessoas pesadas, melindradas, ou mesmo daquelas que têm o dom de despertar o pior de nós. Ou, então, daquelas que mantêm os nossos movimentos controlados vinte e quatro horas por dia, porque isso nos desgasta deveras! Pronto, olha que maravilha! Você acaba de descobrir que viver em um *reality show* não é a sua praia, e irá fazer o possível para preservar sua individualidade e liberdade!

Há relacionamentos que nos sugam de tal forma que até a força necessária para sairmos deles nos falta, e quando finalmente conseguimos nos desvencilhar, automaticamente pensamos: "Por que não fiz isso antes?". Bobagem, não se culpe, e muito menos cobre-se tal iniciativa. Você fez no tempo que conseguiu e foi possível. Aqueles que veem de fora cobram e cobrarão essa atitude desde sempre, mas apenas quem vive relações doentias sabe quanto é difícil quebrar o encanto de um relacionamento patológico.

Tenha muito cuidado ao julgar os enlaces duradouros dos outros como sinônimos de prosperidade. Quem disse que longos anos de matrimônio significam sucesso ou plena felicidade? Existem milhares de relacionamentos extremamente limitantes, desgastantes, castradores, sofridíssimos e perversos, que apenas permanecem pela dependência emocional ou pela vontade de se manter a aparência.

Como sempre digo, "quem vê cara não vê coração", e "quem vê tempo não avalia a relação". Uma história amorosa pode durar 30 dias, 30 meses, 30 anos e ainda assim ser de grande valia, ou não, para toda uma vida. O importante é que essa experiência possa nos agregar algo, trazer algum, ou, quem sabe, com boa sorte, alguns bons e eternos aprendizados, crescimento e excelentes lições de vida, que nos tornem mais aptos e maduros para as artimanhas e mistérios do coração. Tenho alguns depoimentos de relacionamentos com pouquíssima duração, mas de muito sucesso. Uma paciente que saía de um casamento muito difícil, marcado por uma incrível escassez afetiva, encontrava-se de férias na Europa por um mês. Lá conheceu, por acaso, um brasileiro muito simpático, no momento em que tirava fotos da paisagem belíssima que a encantava. Como estava sozinha, pediu ao simpático cavalheiro que a fotografasse em meio a uma plantação de girassóis. Viu-se enfeitiçada pelo sorriso do rapaz que, depois da foto, perguntou se poderia ter uma cópia, de tão linda que a fotografia havia ficado. Sorridentes, conversaram mais um pouco, almoçaram juntos naquela mesma tarde e, a partir daí, viveram um súbito romance que durou o tempo de suas férias. Ele morava fora do Brasil e não pensava de forma alguma em se mudar de lá, nem a minha paciente que, com seus negócios e, inclusive, filhos por aqui, não teria meios de se deslocar. Enfim, foram vários dias, quase um mês de muita paixão, gargalhadas, bons vinhos, jantares à luz de velas, carinhos e confidências trocadas que, segundo minha paciente, jamais poderia imaginar viver e nunca, em seus 16 anos de casamento, se sentira tão leve, inteira e desejada.

Agora me responda: será mesmo que precisamos viver relacionamentos infinitos para nos realizarmos com eles?

> **QUEM DISSE QUE LONGOS ANOS DE MATRIMÔNIO SIGNIFICAM SUCESSO OU PLENA FELICIDADE? EXISTEM MILHARES DE RELACIONAMENTOS EXTREMAMENTE LIMITANTES, DESGASTANTES, CASTRADORES...**

Cada vivência nos traz um aprendizado e é a capacidade de nos nutrirmos dela que poderá enriquecer o nosso emocional. A busca insaciável de relações eternas e mesmo o insistente pesar das breves histórias devem ser substituídos pela possibilidade de se alimentar daquilo que se tem e que se teve. No caso de ser indigesto, despreze, mas lembre-se sempre do sabor, para saber o que lhe agrada ou não. Sofistique seu paladar com o que faz bem à sua saúde e, para que isso seja viável, nada como o importantíssimo autoconhecimento. Um passarinho verde me contou que uma deliciosa relação amorosa nos coloca próximos aos nossos sonhos, estimula, faz bem à pele, à alma, ao coração e, de quebra, ainda alimenta a autoestima, nos dando uma sede de viver daquelas!

Sendo de curta, média ou de longa duração, o principal é que esses romances nos deixem bons ensinamentos. Que permaneçam em nossas vidas, por muito tempo, aquelas histórias que nos fazem bem e felizes. Agora, aquelas que nada acrescentam, a não ser grandes e incômodas feridas, que fiquem pouquíssimo tempo, mas o suficiente para nos mostrar o que definitivamente não queremos como forma de relacionamento.

Amor patológico

Durante a infância desenvolvemos, em nosso ambiente familiar, laços afetivos e noções vinculares que, uma vez internalizados, ditarão nosso modo de entender as formas de amar e ser amado. Quando, nesse período, somos vítimas de abusos morais e/ou físicos, sofremos hostilidades ou, de alguma forma, não temos nossas necessidades emocionais supridas, tendemos a absorver modelos relacionais falhos que poderão se perpetuar por toda uma vida, caso não sejam resolvidos.

Diante de uma estrutura emocional desnutrida, o indivíduo carrega a sensação de vazio e vulnerabilidade para qualquer tipo de relacionamento que se aventure. Em razão de uma intensa baixa autoestima, tende frequentemente a escolher parceiros emocionalmente deficitários, indisponíveis e negligentes, reproduzindo o modelo conhecido.

A principal característica desses relacionamentos é a busca incessante de se fundir ao outro, em uma ânsia desenfreada de se sentir amado, e de nenhum modo correr o risco de ser abandonado. É claro que ninguém que embarque em uma relação amorosa deseja sofrer ou ser rejeitado. O problema é que aqueles que vivem o amor patológico estão convivendo, também, com a sombra da desconfiança e com a sensação constante da ameaça de perder o objeto amado.

Por esse motivo, tendem ao comportamento controlador, ciumento, possessivo e de extrema insegurança e fragilidade. Nessa desenfreada luta inconsciente pela reparação do amor não correspondido, o indivíduo alimenta, repetidamente, sem perceber, um ciclo vicioso: ele deseja incessantemente ser aceito, mas, ao escolher perfis compatíveis com os modelos internalizados, acaba sendo vítima da inviabilidade do desenvolvimento desse sentimento. O desfecho é sempre o mesmo: o conhecido e tão temido abandono, junto ao aniquilante sentimento de rejeição.

> Durante o relacionamento afetivo, a pessoa que sofre de amor patológico vive um sentimento crônico de ansiedade frente à sensação constante de incerteza da reciprocidade afetiva do parceiro.

Durante o relacionamento afetivo, a pessoa que sofre de amor patológico vive um sentimento crônico de ansiedade frente à sensação constante de incerteza da reciprocidade afetiva do parceiro. Por esse motivo, tende a atitudes altruístas que, conforme a intensidade, podem se tornar invasivas, insistentes, inadequadas e até humilhantes. Utiliza estratégias repetitivas e controladoras que, invariavelmente, sufocam e irritam o parceiro, como ligações e mensagens sem limites, interrogatórios, indiretas, frases sarcásticas ou irônicas, comportamento desconfiado e vigilante.

Uma vez constatado que o outro está fora do alcance de seu controle, pode apresentar acessos de ira, surtos de ansiedade, extremo sofrimento psíquico, posturas obsessivas e até depressivas, diante da possibilidade, ou mesmo vivência, do fim da relação.

O amor patológico pode ser comparado a um vício, diante de tamanha sensação de dependência. Aquele que ama de forma patológica, ao se sentir preterido pela pessoa amada, apresenta os sinais comuns à abstinência: toda a atenção, energia e pensamentos ficam voltados ao objeto amado, que passa a ser a razão da vida do indivíduo. É como se, sem essa pessoa, não existissem motivos para viver, e a vida perdesse totalmente o sentido. Mesmo que não esteja mais com o parceiro, pode passar longos períodos monitorando sua vida pelas redes sociais ou obtendo informações com colegas e familiares, ferindo-se emocionalmente com frequência, impactando em todas as esferas de sua vida.

O tratamento é fundamental, mas para que ele aconteça, antes de mais nada, é necessária a conscientização do problema, que nem sempre é percebido com clareza. A procura de ajuda psicoterápica ocorre com frequência, porém, também de forma recorrente, esses pacientes buscam descobrir onde falharam, para que possam recuperar o amor do parceiro, sendo que o principal foco do trabalho terapêutico é a reconstrução da autoestima e reestruturação do amor-próprio.

Em um relacionamento sério com quem já foi embora

Quanto mais você insistir em ficar pensando em quem foi embora, não quis, não pôde, não escolheu permanecer com você, mais a sua cabeça ficará alimentando falsas esperanças. E por mais que o tempo passe, parece que foi ontem que vocês estiveram juntos, e que amanhã ele ou ela vai voltar.

Aceitar que alguém não está mais com a gente não é fácil, mas muito pior – e mais difícil – é ficar contando para si mesmo a história de que essa pessoa era incomparável, o grande amor da sua vida, que você jamais vai encontrar alguém igual e acreditar nisso piamente, impedindo que qualquer outro ser em potencial acesse você.

Preste atenção: muitos de nós têm a mania de buscar uma espécie de referência e de idolatrar alguém de que tenhamos gostado muito e cuja interação, por algum motivo, não tenha durado até hoje. Ficamos enaltecendo só as partes boas, criamos o hábito de lembrar de tudo que era bacana, muitas e muitas vezes falamos para as pessoas e para nós mesmos o quanto esse relacionamento era incrível e como não há ninguém que desperte a sensação especial que tínhamos por aquela pessoa.

Resultado? Tornamo-nos eternamente comprometidos com alguém que não está mais na nossa vida, apaixonados por uma idealização de um passado, impedindo que alguém possível e real surja no nosso caminho.

É sempre tempo de fecharmos ciclos, virarmos a página e nos permitirmos o novo. Talvez exista o medo do desconhecido, mas aquilo que não conhecemos pode nos fazer muito bem e se tornar um velho conhecido indispensável logo mais. Por agora, permita o passado passar e receba o presente. Ele tem muito para contar a você... Novas histórias, outras possibilidades.

> É SEMPRE TEMPO DE FECHARMOS CICLOS, VIRARMOS A PÁGINA E NOS PERMITIRMOS O NOVO. TALVEZ EXISTA O MEDO DO DESCONHECIDO, MAS AQUILO QUE NÃO CONHECEMOS PODE NOS FAZER MUITO BEM E SE TORNAR UM VELHO CONHECIDO INDISPENSÁVEL.

Pare de ser conivente com o que faz você infeliz!

Na maioria dos casos, leva algum tempo para nos libertarmos de situações que nos provocam infelicidade. Afinal, é preciso conscientização, coragem, força, amor-próprio e maturidade. Pode ser um relacionamento amoroso, um hábito, uma forma de ser tratado(a), um trabalho, enfim... Situações nas quais permanecemos e que não nos fazem bem, muito pelo contrário.

Ainda que saibamos o quão insatisfeitos estamos, ruminamos dúvidas, desapontamentos, raiva, tristeza, medo, reclamamos, nos queixamos, nos cobramos decisões e posicionamentos, mas pouco ou nada executamos de fato. Continuamos na mesma, como quem sabe que bom não está, porém tememos uma tomada de decisão.

Sentimo-nos perdidos e aflitos sobre como fazer, como vai ser e o desespero da possibilidade de não darmos conta, e a coisa ficar pior do que está. Vamos então empurrando com a barriga, postergando, deixando a tomada de atitude para o dia de São Nunca. Tentamos minimizar aqui, tapar o sol com a peneira ali, nutrir falsas esperanças...

Resistentes ao impacto desconhecido da mudança, parece que nunca chega o melhor momento, e nessa insegurança o tempo passa, o desgaste cresce, o desconforto aumenta, o incômodo se mantém, a autoestima pede arrego e continuamos infelizes.

Enquanto nada fizermos e optarmos pela posição passiva de aceitar as situações indesejáveis existentes em nossas vidas, estaremos sendo coniventes com tudo aquilo que nos faz mal.

> **É PRECISO CONSCIENTIZAÇÃO, CORAGEM, FORÇA, AMOR-PRÓPRIO E MATURIDADE PARA NOS LIBERTARMOS DE SITUAÇÕES QUE NOS PROVOCAM INFELICIDADE.**

Como se despedir de quem a gente não quer que vá embora?

Como se diz "tchau" a alguém que você não quer que vá embora? Como se despedir não querendo ir?

Como deixar ir quem queremos que fique?

Essa situação não é e nunca foi fácil para ninguém. Ele ou ela decidiu ir embora, mas você não, ou, quem sabe, por vários motivos é preciso romper, mas o coração quer que fique. Quanta contradição! Dúvida! Insegurança! Dor! Ansiedade! Angústia! É um turbilhão de sentimentos desorganizados, gritando aí dentro.

Não há lógica que predomine quando a emoção não se conforma. O que é preciso fazer parece óbvio, mas inalcançável diante dos sentimentos que tomam o coração. Por mais que se faça algum esforço, quando se fala de emoção não dá para apertar um botão de liga e desliga, do tipo "desamando, desapegando em 3, 2, 1!". Às vezes, o tempo do outro não é o tempo da gente. Ele ou ela pode estar certo(a) de que quer acabar e partir para outra e isso soar para você como uma estaca no peito, uma tortura! Assim como a relação pode ter excedido todo e qualquer limite de bom senso, não restando qualquer alternativa que não seja dizer adeus!

Mesmo com o coração dolorido, triste e contrariado, o ponto é que, vez ou outra, nos veremos na situação de nos despedir contra nossa vontade e teremos que buscar, dentro de nós, toda força deste mundo para não esmorecer. Nem sempre tudo ocorrerá como gostaríamos, como desejamos, e algumas pessoas escolherão, ou terão que ficar longe, embora doa muito, porque sentimento de rejeição sempre será uma pancada no ego!

Cabe a nós respeitar as emoções acordadas no nosso íntimo, sem perder o controle, sem forçar a barra, sem humilhação, considerando todo o contexto e entendendo que levará um tempo para elaborar essa despedida, e tudo bem. Esse sentimento de impotência vai passando, conforme você vai percebendo que sobreviveu e de maneira muito boa, mesmo sem essa pessoa, e que é possível ser feliz mesmo longe de quem queríamos por perto.

A maturidade se vê obrigada a se desenvolver, apoiada na experiência de vida, que modela e reforça nossa tolerância. Nem tudo será como nosso desejo dita! Vamos aprendendo a lidar com isso, nos tornando mais fortes, sábios e donos da nossa própria história.

> **CABE A NÓS RESPEITAR AS EMOÇÕES ACORDADAS NO NOSSO ÍNTIMO, SEM PERDER O CONTROLE, SEM FORÇAR A BARRA, SEM HUMILHAÇÃO, CONSIDERANDO TODO CONTEXTO E ENTENDENDO QUE LEVARÁ UM TEMPO PARA ELABORAR ESSA DESPEDIDA, E TUDO BEM.**

Me conhecer foi a melhor decisão da minha vida!

Ainda estou no processo, mas me conhecer foi, sem dúvida, a melhor coisa que aconteceu na minha vida. Já pensou em experimentar? Vou tentar convencer você.

Uma vez que você se conheça, nunca mais se verá tão vulnerável e influenciável por opiniões alheias. Terá lucidez acerca das suas virtudes e consciência das limitações que são passíveis de ajustes e reformulações.

Sabe de uma coisa? Lembro bem de quando ainda não me conhecia. Buscava me encontrar nos olhares dos outros e era um sufoco, pois a cada olhar havia uma perspectiva!

Como saber em qual confiar? Sentia-me insegura, refém de aprovações e prisioneira de elos de dependência que acreditava, piamente, necessitar. Demorou algum tempo para sair da superfície óbvia, ditada por uma maioria, que me remetia a alguma garantia de pertencimento, para arriscar atrevidos mergulhos em mim. Haja fôlego! Estava tão distante do meu íntimo que tudo era esquisito, desorganizado, me assustava diante de tantos pedaços de mim, perdidos, carentes de um dono, atrofiados, indecisos, desencorajados e encolhidos.

Quanto tempo perdemos acreditando que temos que ser assim ou assado, estar com essa ou aquela pessoa, fazer daquele jeito ou de outro para dar certo neste mundo e fazer nossa vida valer a pena. No dia em que finalmente somos apresentados a nós mesmos, encontramos absolutamente tudo que precisamos para sobreviver e entendemos que todo o restante é opcional. Isso não confere pouca importância aos afetos, feitos ou conquistas. Apenas nos asseguram quanto são secundários ao nosso complexo eu.

> **UMA VEZ QUE VOCÊ SE CONHEÇA, NUNCA MAIS SE VERÁ TÃO VULNERÁVEL E INFLUENCIÁVEL POR OPINIÕES ALHEIAS. TERÁ LUCIDEZ ACERCA DAS SUAS VIRTUDES.**

Passamos a conviver melhor com as nossas características, sem nos queixar tanto, escravos de uma busca inalcançável de qualquer perfeição inexistente. Compreendemos que temos um jeitão todo nosso e que não precisamos e nem queremos ser iguais a ninguém.

Por isso, meu amigo, minha amiga, dê uma espiadinha aí dentro, porque tem alguém aí que quer muito isso e – acredite – você vai gostar de conhecer!

A dor da solidão de estar só, sem querer

Já estive na solidão de querer alguém, de desejar alguém, mas não ser desejada. Dói muito. Mas, além da dor, rola um sentimento pesado, intenso e sufocante de rejeição.

A gente fica tentando achar razões, algum defeito em nós mesmos, algo que tenhamos feito, ou não, que pudesse justificar essa falta de interesse daquele que queremos tanto. O problema é que, embora tenhamos um arsenal de hipóteses e fiquemos buscando toda e qualquer pista que sinalize motivos e nos ilumine para alguma solução, nada parece adiantar muito. Só vivendo na pele para conseguir mensurar o insuportável sentimento de angústia e impotência diante de um amor não correspondido.

Passamos por diversas fases: desde a idealização total de que de algum jeito vai acontecer, até a raiva ao pensar que essa pessoa só pode ser muito idiota por não reconhecer o valor que temos e desperdiçá-lo!

Até aquele momento em que damos um jeitinho de lançar mão de alguma estratégia ou tentativa de retomada, vivemos a intensa tristeza de ver tanto investimento afetivo jogado fora por aquela pessoa e, finalmente, compreendemos que fizemos tudo que podíamos. Estamos cansados, mas, por mais complicado que seja, estamos sobrevivendo. Nunca foi tão claro que já deu o que tinha que dar, merecemos muito mais do que isso, a página foi virada e aceitamos que essa história terminou.

Ufa! Era uma vez um amor sem reciprocidade que se tornou um tormento, demorou um pouco, mas do qual conseguimos nos livrar.

> **SÓ VIVENDO NA PELE PARA CONSEGUIR MENSURAR O INSUPORTÁVEL SENTIMENTO DE ANGÚSTIA E IMPOTÊNCIA DIANTE DE UM AMOR NÃO CORRESPONDIDO.**

Você não perde o que nunca teve

Já parou para refletir se essa dor, saudade e vazio são de fato sobre aquela pessoa que foi embora? Será mesmo que havia todo esse preenchimento, reciprocidade, atenção, amor e cuidado que você lamenta por aí?

Digo isso, pois não é raro sentirmos falta do que nunca tivemos, mas desejamos tanto. Idealizamos, sonhamos e projetamos tanta expectativa em alguém que, embora não tenha correspondido à altura, ainda assim sofremos demais com a sensação de que indo embora, saindo de nossas vidas, essa pessoa levou tudo isso junto e nos deixou aqui sem nada, no caos do prejuízo e da solidão.

E se eu convidasse você a relembrar essa relação e começássemos a separar o que de fato existia nela?

Vamos separar o joio do trigo: o que você queria tanto que fosse, que houvesse, que fizesse, e o que tinha de verdade; os recursos existentes, acontecimentos, condutas, comprometimento, envolvimentos, trocas e investimento. Sonhos são eternos no nosso íntimo e podem ser resgatados e realizados a qualquer momento. Quem quer que tenha ido embora da sua vida não tem a capacidade de levá-los junto. Sabe por quê? Sonhar em ser amado, casar, construir uma família, ter uma casa, viajar, ser admirado, ter parceria, cumplicidade, seja lá o que for, sempre é possível! E, o que é melhor, com alguém que queira, tope e faça tudo isso e mais um pouco junto com você.

Portanto, jamais esqueça quando digo que você não perde o que nunca teve, mas sempre poderá decidir buscar aquilo que deseja.

> **SONHAR EM SER AMADO, CASAR, CONSTRUIR UMA FAMÍLIA, TER UMA CASA, VIAJAR, SER ADMIRADO, TER PARCERIA, CUMPLICIDADE, SEJA LÁ O QUE FOR, SEMPRE É POSSÍVEL! E, O QUE É MELHOR, COM ALGUÉM QUE QUEIRA TUDO ISSO JUNTO COM VOCÊ.**

A gente tinha tudo para dar certo, mas você deu para trás

Vocês tinham tudo para dar certo. Desde a primeira vez que você o viu, sentiu algo diferente. Parecia que tudo se encaixava, gostou dele de cara, a conversa fluía solta, os olhares se afinavam em silêncio e, ao mesmo tempo que você tinha um interesse absurdo em tudo o que ele dizia, percebia que a recíproca era totalmente verdadeira, o que despertava ainda mais a vontade de contar sobre si.

Foram se aproximando e, quando o toque aconteceu, foi uma coisa de outro mundo! Borboletas no estômago, friozinho na barriga e, antes mesmo do beijo, você já tinha certeza de que havia se apaixonado.

Daí em diante, o desejo era de se verem toda hora, o máximo possível. Faziam o que podiam e todo encontro era magicamente intenso. Os dias se passavam e cada vez mais se tornava óbvia a certeza de que o que existia entre vocês era especial.

Sem mais nem menos, você começou a notar algumas mudanças de comportamento, como se o que parecia tão forte e promissor se quebrasse por alguma razão desconhecida. Ele foi se distanciando, parecia que todo aquele encanto havia passado e um abismo entre vocês começou a existir. Os encontros se tornaram mais difíceis, aquela sintonia se perdeu em algum lugar, os olhares já não se abraçavam, e aquele sentimento gostoso de reciprocidade foi trocado por uma angústia e ansiedade de resgate de tudo o que estava sendo e, do nada, deixou de ser.

> FORAM SE APROXIMANDO E, QUANDO O TOQUE ACONTECEU, FOI UMA COISA DE OUTRO MUNDO! BORBOLETAS NO ESTÔMAGO, FRIOZINHO NA BARRIGA...

Não entender nada e ver desmoronar um castelo tão lindo doeu profundamente, numa sensação de desperdício sem igual. Aprender que existem pessoas que não permitem se sentir por completo, dar certo, serem felizes e darem a oportunidade para si mesmas de amarem e serem amadas, passou a ser um desafio daqueles.

Restou para você elaborar o luto de toda essa emoção acordada e das tantas expectativas promissoras, desenhadas nessa interação indescritível. Mas a vida segue, com ou sem essa pessoa, mesmo que doa muito e marque para sempre.

Essa dor vai passar e você vai ficar

O sentimento é de que essa dor absurda não vai passar nunca. Ela perturba, tira seu sono, sua paz, provoca angústia, ansiedade... Se pudesse, você a arrancaria do peito para acabar com essa tortura.

Eu sei, não está fácil. Dia e noite esse incômodo permanece e você, impotente, não sabe mais o que fazer, por onde ir, ou o que tentar, para eliminar esse martírio da sua vida.

Tenha calma. Por mais que esteja doendo muito, essa dor toda faz parte de um processo. Entendo que pode parecer praticamente impossível acreditar nisso, mas, sim, essa dor vai passar e, quer saber? Você fica!

Por mais intenso ou demorado que esse sofrimento possa ser, ele irá embora. A boa notícia é que você pode agilizar esse processo, lembrando de tudo aquilo que existe, já existiu e poderá existir em e para você, além dessa perturbação.

Quando ampliar sua perspectiva, prospectando possibilidades, resgatando o que lhe faz bem na sua jornada, tenderá a estimular outros recursos, oxigenará sua mente, desobstruirá bloqueios e, então, se distrairá da dor que, caindo na escala de prioridades, deixa de ter a atenção hiperfocada.

Tenho consciência de que não é tarefa fácil preencher o dia a dia com outros estímulos e que, na maioria das vezes, não dá vontade. Você persiste no vício de pensar naquilo que incomoda e machuca, os pensamentos ruminantes e compulsivos teimam em manter você fixado no mesmo tema. Mas é preciso uma forcinha para romper essa dinâmica, viabilizando espaço para a entrada de novas atividades, experiências, outros interesses e desafios.

> POR MAIS INTENSO OU DEMORADO QUE ESSE SOFRIMENTO POSSA SER, ELE IRÁ EMBORA. A BOA NOTÍCIA É QUE VOCÊ PODE AGILIZAR ESSE PROCESSO.

Amor não se implora

Se tiver que mendigar, forçar, insistir, teimar ou se despedaçar, é qualquer outra coisa que não AMOR.

Respeite-se, poupe-se, preserve-se e conserve o mínimo de orgulho saudável e necessário para jamais se humilhar pelo sentimento de ninguém. Toda interação deve ocorrer naturalmente, de modo espontâneo e recíproco. É preciso respeitar o desejo do outro, não passar por cima de todo e qualquer sinal, ignorando resistências, impedimentos e ausência de afeto, na fixação de algo que acredite que deva acontecer e ser do jeito que quer, sonha ou almeja, desconsiderando a fundamental reciprocidade.

Na falta de correspondência afetiva, busque em si mesmo o amor próprio, com boas doses de bom senso, e dê um basta nas obsessões. Se alguém não quer, não responde, está desinteressado, ou sinta algo diferente do que você gostaria, deixe ir!

Desapegue, liberte-se e mude o foco.

O amor é soberano e bom demais para ser confundido com qualquer escassez, indiferença ou vazio. Procure onde ele exista, esteja e seja!

Não persista em terrenos inférteis, e muito menos se mantenha lutando por amores piratas.

Eu sei que não me faz bem, mas não vivo sem

Você já se perguntou ou anda se perguntando sobre a razão de insistir tanto no que machuca você?

Veja bem, há feridas que sangram, permanecem vivas, pois nada é feito para curá-las e, muito pelo contrário, teimamos em permanecer nos mesmos lugares, mantendo as mesmas condições desgastantes. Patologicamente nos acostumamos à dor e, então, continuamos submetidos às dinâmicas medíocres, restritivas e tóxicas, como quem não encontra ou não acredita que tenha o direito e possa ser diferente.

Ei! Confie quando digo que tudo isso pode, sim, ser transformado. Você não é obrigado, nem precisa permanecer se despedaçando para manter algo como está, pelo receio do novo ou de outra configuração desconhecida. Aquilo que não nos soa familiar pode gerar certo amedrontamento no início, porém precisamos investir na adesão de inovadoras e aprimoradas posturas que nos permitirão desenvolvimento, amadurecimento, evolução e, principalmente, liberdade.

Tudo bem, algumas pessoas criticarão, torcerão o nariz, reprovarão, até se afastarão e darão pitacos. Entenda que tudo isso faz parte. Afinal, trata-se da sua vida, não da vida delas. Elas jamais saberão o que se passa com você, se passou e, muito menos, o quanto sofreu, ou o tamanho dessa ferida. "Pimenta nos olhos dos outros é refresco" e o ser humano tem mania de julgar e achar que sabe o que é ideal para os outros. Não se culpe por fazer o que é melhor para você. Abdique da cobrança em manter o que não dá mais, por isso ou aquilo. Autorize-se a dar o passo necessário para si mesmo e salve-se!

> VOCÊ NÃO É OBRIGADO, NEM PRECISA PERMANECER SE DESPEDAÇANDO PARA MANTER ALGO COMO ESTÁ, PELO RECEIO DO NOVO.

Afaste-se de tudo que levou você para longe de si mesmo(a) e volte

Somos o somatório das nossas experiências, com a mescla das nossas escolhas e renúncias. Mas, se não nos atentarmos, podemos nos perder de nós mesmos no decorrer dos nossos caminhos.

Sem perceber, vamos nos deformando, esgarçando ou atrofiando tantos recursos genuínos da nossa essência. Fazemos isso nos afastando de amigos queridos, abandonando sonhos, abdicando de antigos desejos, hábitos, deixando de usar isso ou aquilo, oprimindo vontades, perdendo o gosto de fazer o que tanto nos fazia sentido. Restringindo daqui, reprimindo dali, abafando acolá. E lá estamos nós, inquilinos estranhos de nós mesmos.

Não importa com quem, onde ou qual fase estamos passando. Precisamos quanto antes deixar de lado tudo que nos levou para longe da gente e voltarmos, o mais rápido possível, para o nosso prumo. Afinal, sentir saudade do que sempre fomos dói e incomoda demais! Dá uma angústia no peito e um vazio insuportável na alma.

Exercitar a memória e lembrar de onde estávamos quando sentíamos estar inteiramente conosco é um importante passo para o processo de retomada da nossa identidade.

Vasculhar a memória em um intenso resgate de lembranças é um meio de encontrar pistas que apontem onde ficaram perdidos os nossos pedaços pelo caminho e, então, recolhermos todos que pudermos, reestruturando nosso eu no reconhecimento do que somos.

> **Sem perceber, vamos nos deformando, esgarçando ou atrofiando tantos recursos genuínos da nossa essência, nos afastando de amigos queridos, abandonando sonhos...**

Ninguém vai frear seus sonhos, a não ser que você permita

Qualquer pessoa que não sonhe o seu sonho junto com você, e inicie uma campanha contrária, sabotadora do seu ideal, só terá sucesso se você der a devida importância e autorizar a continuidade dessa atitude.

Tudo bem que algumas pessoas são especiais na sua vida e que a opinião delas tem peso para você, mas jamais a influência de alguém poderá ser maior do que aquilo que grita aí dentro.

Por favor, prometa para si mesmo jamais reprimir seus desejos mais verdadeiros porque alguém não acredita, não quer ou o desencoraja. Não se permita cair em chantagens, não se submeta, tampouco ouse imaginar que você não merece ou não é capaz!

Veja bem, se você realmente quiser algo do fundo do seu coração, lute com todas as suas forças e recursos que tiver, ou que precise adquirir, para alcançar. Desistir, ou deixar pra lá por imposição alheia, jamais será justo com a sua essência. Pode até ser que você não tenha o tão sonhado êxito, mas no seu interior terá a consciência de que fez tudo que pôde.

O medo de sentir já mandou muita gente embora

Quantos encontros especiais na sua vida foram desperdiçados pelo seu medo de sentir?

Já parou para ponderar as tantas relações descartadas por alguma razão subjetiva, fantasiada ou ignorada, simplesmente por boicotar o que poderia ter dado certo?

Sem perceber, muitas pessoas podem sabotar seu próprio desenvolvimento. As razões são várias: medo da frustração, receio do envolvimento e perda de controle, ansiedade, sensação de vulnerabilidade na imersão de um vínculo estabelecido. Gente nessa situação acaba justamente por constatar a existência, em potencial, de um elo entre isso tudo e se amedrontam. Isso acontece por um conjunto de elementos intrínsecos no indivíduo carente de amadurecimento e de elaboração.

São experiências, crenças e compreensões distorcidas e deficitárias dos sentimentos – na sua maioria estabelecidos durante a infância –, que refletem na resistência do aprofundamento de vínculos, favorecendo a predominante superficialidade relacional. Sendo assim, cada interação mais consistente e provocativa resultará em posturas reativas e destrutivas, no intuito de proteger e afastar qualquer ameaça de vivência de uma experiência que, até então, parecia arriscada, perigosa, proibida e traiçoeira.

Essa dinâmica será mudada apenas com a conscientização da prevalência de um padrão funcional com históricos relacionais similares, em contraponto ao que esteja prejudicando a vida do indivíduo.

Muito pode ser melhorado, libertado e transformado através da reformulação, reciclagem e releituras dos conceitos cristalizados e internalizados de amor, junto aos exercícios do sentir e ressignificação de aspectos relevantes da sua história.

> **JÁ PAROU PARA PONDERAR AS TANTAS RELAÇÕES DESCARTADAS POR ALGUMA RAZÃO SUBJETIVA, FANTASIADA OU IGNORADA, SIMPLESMENTE POR BOICOTAR O QUE PODERIA TER DADO CERTO?**

Me apaixonei pelo que você nunca foi

Talvez você tenha lido esse título e imediatamente pensou naquela pessoa que apareceu na sua vida, quando você menos esperava e se surpreendeu com a conexão.

Você nunca havia sentido algo parecido. Tudo entre vocês parecia dar certo. Literalmente, feitos um para o outro. Era o jeito de olhar, o encontro das ideias, o viajar no pensamento, o interesse mútuo sobre qualquer assunto que se falasse... A química era certa antes mesmo do primeiro beijo. Você, intimamente, se perguntava onde ele estivera até aquele momento que não ao seu lado. O tempo voava quando estavam juntos, não importava onde, quem mais ou quando... Qualquer lugar com ele era o melhor do mundo.

Até que, você não sabe bem o momento, muito menos a razão, só sabe que, como uma magia, toda aquela sensação indescritível, especial e única foi acabando, e um abismo surgiu do nada e se instalou. Algo foi desconectado... Ele foi se afastando, mudando de comportamento, esfriando e, num piscar de olhos, você já não o reconhecia mais.

Como assim? Acabou tão rápido quanto começou.

O tempo é o que menos importa nesse momento, já que a intensidade foi suficiente para fazer um rombo no seu coração e marcá-lo para sempre.

A dor da desilusão é assim: você se apaixona pelo que imaginava ser, mas que, na verdade, nunca existiu.

> **A QUÍMICA ERA CERTA ANTES MESMO DO PRIMEIRO BEIJO. VOCÊ, INTIMAMENTE, SE PERGUNTAVA ONDE ELE ESTIVERA ATÉ AQUELE MOMENTO QUE NÃO AO SEU LADO.**

Não era amor, era costume

Você estava completamente adaptado com a rotina do relacionamento e acostumado com aquela dinâmica disfuncional que vocês viviam.

Eu sei que logo que a gente termina dá uma sensação muito estranha, mesmo que o relacionamento estivesse ruim. A gente tem um sentimento de perda, uma espécie de vazio inevitável que faz parte desse processo.

Mas vamos combinar, só aqui entre nós: a relação já não estava saudável havia um bom tempo. Você resistia por várias razões que nada tinham a ver com o amor propriamente dito, mas por medo do novo, receio de não saber lidar com todo o processo, de se ver só e longe da sua zona de conforto. Claro que não é fácil abandonar o conhecido para se aventurar em um cenário completamente diferente. Mas, depois dessa tempestade toda, valerá muito a pena!

Com cada movimento, renúncia e ato de coragem, você perceberá que conseguiu abdicar da neurose conhecida, permitindo-se fluir, evoluir e seguir a sua vida.

O mais importante é não se manter em nenhum tipo de relação apenas por costume, conveniência ou comodismo.

Você merece amar e ser amado de verdade.

Perdoar não significa permanecer com a pessoa

Perdoar será sempre libertador! Independentemente do que tenha acontecido, do que tenha sido dito ou feito, quando perdoamos tiramos um elefante das costas. Deixamos de ruminar o inconformismo, as injustiças deste mundo e nos libertamos daquilo que não nos faz bem.

Até porque não perdoar é permanecer na convivência de uma história dolorida, é manter vivo um passado ruim contaminando o presente, é continuar vinculado com alguma coisa que não foi legal, atravancando a vida e atrapalhando o próprio destino.

Exercitar a capacidade de perdoar é desenvolver uma virtude da maturidade. Não fazemos isso porque alguém mereça ou precise. Fazemos por nós mesmos, para faxinarmos nosso íntimo, não deixando nada acumulado, abrindo mão do que já foi, aconteceu e não precisa atormentar o presente.

Vale lembrar que o exercício do perdão não significa, necessariamente, querer alguém de volta.

Perdoamos porque compreendemos o ocorrido, aprendemos a lição porque nos tornamos mais conscientes dos fatos, optamos por viver de maneira mais leve, não queremos pendências afetivas e desejamos seguir em frente.

Afinal, enquanto não perdoarmos, estaremos eternamente relembrando, questionando, fomentando diversos sentimentos aniquiladores no nosso íntimo, fazendo desse acontecimento um marco infinito na nossa vida.

Não precisamos dar tanta importância, nem gastar tanta energia com pessoas, situações e circunstâncias que merecem ser esquecidas, deixadas no passado, para lá ficarem e nunca mais precisarem voltar.

> **EXERCITAR A CAPACIDADE DE PERDOAR É DESENVOLVER UMA VIRTUDE DA MATURIDADE. NÃO FAZEMOS ISSO PORQUE ALGUÉM MEREÇA OU PRECISE. FAZEMOS POR NÓS MESMOS.**

A carência e seu costume de criar amor onde não tem

Cuidado com a carência! Ela pode nos fazer enxergar além da realidade, criando amor onde não tem.

Você já foi ao supermercado com fome? Quando isso acontece, compramos muito mais do que precisamos, tudo que olhamos, queremos, dá vontade de abrir as embalagens e devorar ali mesmo! Além das coisas parecerem muito mais saborosas e irresistíveis do que realmente são.

Dá-se o mesmo quando estamos carentes. Distorcemos nossa percepção, potencializamos simples situações e nos encantamos facilmente: um "bom dia" mais carinhoso, um abraço mais apertado, um recadinho inesperado ou um pouco mais de atenção e pronto! Prato cheio para o carente já se derreter inteiro.

Todos nós gostamos e precisamos de carinho e, em certos períodos da vida, tendemos a ficar mais carentes: quando passamos por términos amorosos, muito tempo sem nos relacionar, pouca interação, ausência de atenção, de trocas. Além disso, o vazio interior, a aridez afetiva, pouco reconhecimento, abandono, solidão, estresse e tantas outras ausências tendem a favorecer o sentimento de carência, e acabamos mais vulneráveis e suscetíveis a entrarmos em canoas furadas.

Com a percepção alterada, o estômago emocional roncando alto e todo esse vazio afetivo, a fome de amor fará enxergar coisa onde não tem, levar gato por lebre, topar relações inconsistentes, acreditar no que não devia e se envolver com quem não merece.

Portanto, vamos reconhecer nossas fragilidades, investindo na nutrição de dentro para fora, para que possamos nos recompor e nos fortalecer. Assim, podemos observar com cautela o que queremos que faça parte da nossa vida. Não por necessidade, mas por vontade.

> **COM A PERCEPÇÃO ALTERADA, O ESTÔMAGO EMOCIONAL RONCANDO ALTO E TODO ESSE VAZIO AFETIVO, A FOME DE AMOR FARÁ ENXERGAR COISA ONDE NÃO TEM, LEVAR GATO POR LEBRE, TOPAR RELAÇÕES INCONSISTENTES, ACREDITAR NO QUE NÃO DEVIA E SE ENVOLVER COM QUEM NÃO MERECE.**

Nada como estar bem alimentado para escolhermos o que realmente agrega, sem aceitar qualquer coisa, no desespero de saciar nosso vazio existencial. Fartemo-nos em terrenos férteis, onde há reciprocidade.

Saudade do que a gente nunca viveu

Tem hora que olhamos para aquela pessoa e sentimos uma enorme saudade de tudo aquilo que não vivemos com ela: das viagens que não fizemos, dos beijos que não trocamos, da paixão que não acendemos, dos segredos que não confidenciamos e até dos filhos que não tivemos.

O coração chega a apertar, a gente suspira em silêncio e fica ali, só imaginando tudo que poderia ter sido, mas não foi. Doído isso, né?

Acho que esse é o momento em que nossos planos idealizados, reprimidos, abafados e esquecidos em algum lugar dos nossos arquivos confidenciais emergem na nossa mente. Na verdade, muita coisa não pôde acontecer, não teve espaço, não deu tempo, faltou coragem, oportunidade, ou qualquer outra razão pela qual esses projetos "espetaculares" não tenham ocorrido. Às vezes, em momentos mais difíceis da nossa caminhada, tendemos a olhar para trás e questionar os caminhos escolhidos, renúncias feitas e sonhos abdicados.

Acabamos remoendo muito do que fizemos, do que não fizemos, ou quase fizemos.

Melhor a gente pensar que a vida vai tomando o rumo certo, na direção daquilo que temos que viver. Muito do que insistimos em achar que deveríamos ter feito eram apenas conjecturas da nossa cabeça, e o que realmente está escrito na nossa história vai se tornar realidade no momento certo.

> **TEM HORA QUE OLHAMOS PARA AQUELA PESSOA E SENTIMOS UMA ENORME SAUDADE DE TUDO AQUILO QUE NÃO VIVEMOS COM ELA: DAS VIAGENS QUE NÃO FIZEMOS, DOS BEIJOS QUE NÃO TROCAMOS, DA PAIXÃO QUE NÃO ACENDEMOS, DOS SEGREDOS QUE NÃO CONFIDENCIAMOS E ATÉ DOS FILHOS QUE NÃO TIVEMOS.**

Por alguém que fique

Chega uma hora que a gente cansa desse povo que entra na nossa vida, causa um tremendo alvoroço e depois simplesmente vai embora.

Parece uma sequência da mesma dinâmica infestando este mundo.

Meu Deus! Ficamos descrentes – para não dizer desesperados –, achando que o problema está na gente ou que só existe esse perfil habitando o planeta. Isso desanima e dá uma baita preguiça na ideia de ingressar num relacionamento e acreditar que vai dar certo, que podemos investir, amar e nos entregar.

Será que está em extinção o tipo de pessoa que chega para ficar? Permanecer conosco, construir um elo, se vincular, dar tempo o suficiente para desenvolvermos uma história?

Caramba! Ô povo difícil de achar! Por onde andam esses seres?

Estava aqui imaginando que talvez se escondam para evitar se machucar com mais decepções.

Devem ficar dentro das suas cascas, desenvolvidas depois de poucas e boas desilusões, de investidas afetivas por essa vida. Porque o que mais tem por aí é o tipo que entra na água, se molha e sai. Gente superficial, rasa e descomprometida, descompromissada. Não se aprofunda, não se envolve, torna-se evasiva do nada, some e sai da nossa vida de repente, sem mais nem menos.

Bom, sem dúvida alguma estamos sedentos de gente que fale e cumpra, diga e faça, sonhe e concretize, viabilize a confiança, nos acenda e não nos apague, nos encontre, não nos abandone, fique e não vá embora.

Pessoas que sejam o que promovem, que suportem as adversidades de qualquer relação, tolerem frustrações, permitam se reinventar e evoluir na interação e não fujam, sumam ou desistam sem se empenharem no exercício da maturidade necessária para todo e qualquer investimento afetivo.

> **Será que está em extinção o tipo de pessoa que chega para ficar? Permanecer conosco, construir um elo, dar tempo o suficiente para desenvolvermos uma história?**

Pessoas que vendem gato por lebre

E sse tipo de gente desperta expectativa e sonhos insustentáveis, provoca uma série de sentimentos sem um pingo de responsabilidade afetiva.

Você precisa aprender a identificar esse padrão: são pessoas que costumam olhar só para si, querem apenas se envaidecer em cima daqueles que conseguem envolver, têm um histórico comprometedor, falam mais do que fazem, são inconsistentes, instáveis e omitem muitas coisas.

Aqui não importa muito se tratar de imaturidade emocional, transtorno de personalidade ou falta de caráter. O essencial é não fazer vista grossa a esses sinais fundamentais de ausência de responsabilidade afetiva.

Digo isso porque não são raros os casos em que a pessoa insiste em buscar pretextos para condutas inadmissíveis e prejudiciais do parceiro, da parceira. Procura nomes de doenças, transtornos, causas no passado ou motivos atuais, na tentativa de minimizar ações e comportamentos descabidos e destrutivos.

Tudo bem, gente! É possível que se encontrem causas, transtornos e afins que possam nos dar um norte sobre as atitudes desconectadas desse alguém. Mas não esqueça o impacto que tudo isso vai causando na pessoa que se relaciona com esse tipo de gente. Será que ela está se preocupando somente consigo mesma? É preciso se proteger, poupar, preservar e se conscientizar de que uma dinâmica relacional dessa forma não pode dar certo.

Preocupo-me muito com o estado psicológico de quem padece ao lado de alguém emocionalmente inconsequente. As feridas internas geradas durante esse convívio abusivo, somadas ao abalo íntimo de sua autoestima e amor-próprio, são graves e imensuráveis.

> **É ESSENCIAL NÃO FAZER VISTA GROSSA AOS SINAIS FUNDAMENTAIS DE AUSÊNCIA DE RESPONSABILIDADE AFETIVA.**

Você vai amar de novo

Pode ser que neste momento você leia este título e pense: "Eu não. Não acredito e, inclusive, não quero".

Quer saber? Consigo entender você perfeitamente, porque já senti algo parecido.

Quando somos feridos, ficamos com o coração em frangalhos, o emocional inflamado, as expectativas dilaceradas e nossos sentimentos afogados em mágoas e desilusões, fica difícil mesmo ter esse desejo, esperança ou vontade de amar novamente. Parece que vamos reviver toda aquela dor, cair nas mesmas roubadas e tomar na cabeça. Daí nossos mecanismos de defesa tomam seus postos e nos provocam a repelir qualquer aproximação que ameace nos ferir.

Mas, ainda que você esteja resistente e meio blindado para se aventurar em um novo amor, atrevo-me a contar algo a você: o amor é bom e faz bem e você merece amar e ser amado. Esqueça os amores piratas, interesses disfarçados desse sentimento nobre ou relações superficiais e imaturas. Refiro-me ao amor de verdade, aquele que soma, constrói, transforma, alimenta a alma, colore a vida, é generoso, humano e sincero.

Não venha me dizer que não existe, que nunca viu ou que é papo-furado. O amor existe, sim, e nasce dentro de cada um de nós que tenha a coragem de vivê-lo, um amor imenso que nutre os nossos pensamentos e atitudes.

Feito isso, já estaremos vivendo um novo caso de amor, agora com a gente mesmo e, posteriormente, com quem mais acharmos que faça sentido e nos ame em sintonia e reciprocidade.

> NÃO VENHA ME DIZER QUE O AMOR NÃO EXISTE, QUE NUNCA VIU OU QUE É PAPO-FURADO. O AMOR EXISTE, SIM!

Ele é o seu ponto fraco e não quer nada sério com você

A pessoa tira você do sério, mexe com a sua vida como ninguém, tem uma capacidade fora do normal de envolver você. Quando se tocam, parece que o mundo para. Coração na boca, borboletas no estômago, frio na barriga etc.

Definitivamente essa pessoa tem "borogodó"!

Na verdade, ela tem o pacote todo: beijo bom, sexo incrível, pegada e um tempero único que balançou a sua estrutura. Mas não sabe e nem quer estar com uma pessoa só. O que se torna um problemão na sua vida!

Você já tentou de várias maneiras e, independentemente desse combo irresistível, um relacionamento sério ou comprometimento com essa pessoa é completamente inviável.

Você rezou, pesquisou, buscou ajuda dos amigos, da terapeuta, inclusive dele! Se pudesse, arrancaria do coração esse sentimento todo, porém é mais forte do que você. São omissões, mentiras, decepções, uma espécie de compulsão, numa dinâmica de vários casos com pouca profundidade, que mais parece um vício. Você tenta passar por cima, acredita que será diferente, ameniza, coloca panos quentes e logo adiante ele apronta outra e dá-lhe uma facada no coração e uma ducha de água fria nas expectativas criadas.

Vamos lá! Você precisa entender que essa pessoa provavelmente mexerá com você por muito tempo ou, talvez, por toda a vida. Reconhecer que é seu ponto fraco já é um bom começo, mas, principalmente, compreenda que esse é o jeito de ser dessa pessoa.

Consciente desse fato, você pode entrar em um acordo consigo mesma sobre o que deseja para si:

Opção 1: Continuar insistindo até, quem sabe, um dia a pessoa mudar.

Opção 2: Entender que ela é assim. Você aceita só se divertir, sem nada sério. O combinado não sai caro.

Opção 3: Você quer uma relação com reciprocidade de investimento e comprometimento e entendeu que a distância é essencial, já que, se ficar muito perto, você não conseguirá resistir e continuará na mesma.

E aí, qual será a sua escolha?

Nossa vida é o resultado daquilo que escolhemos para nós todos os dias. Então, faça suas seleções com cuidado e carinho.

> VOCÊ TENTA PASSAR POR CIMA, ACREDITA QUE SERÁ DIFERENTE, AMENIZA, COLOCA PANOS QUENTES E LOGO ADIANTE ELE APRONTA OUTRA E DÁ-LHE UMA FACADA NO CORAÇÃO E UMA DUCHA DE ÁGUA FRIA NAS EXPECTATIVAS CRIADAS.

Essa pessoa gosta de você, mas não o bastante para assumi-la para o mundo

Ele gosta de você, curte a sua companhia, tem carinho, acha você uma delícia e a considera especial. Mas não o suficiente para se comprometer, trilhar uma vida juntos, fazer concessões, abrir mão de algumas outras coisas.

Vamos lá! Você precisa aprender a diferenciar o gostar do assumir, dar exclusividade e se responsabilizar pelo vínculo. Existe uma boa diferença entre a proposta relacional de quem quer você para estar ao lado e aquela que propõe estar às vezes, quando for conveniente e oportuno.

Sobre o que alguém quer conosco, o que mais importa é o que aceitamos e como nos sentimos confortáveis. Há quem não abra mão da cadeira numerada, e há aqueles que se acomodam onde for possível, quando der e tiver espaço. O essencial é respeitar nossos sentimentos, sem corromper valores, esgarçar limites e tolerância, passando por cima do amor-próprio.

Essa leitura que você faz insistentemente, de que "a pessoa faz isso, mas eu sei que gosta de mim", nem sempre é o bastante e pode, sim, se tornar uma espécie de álibi ou prêmio de consolação, enquanto você continua ficando na mão, na angústia e de lado muitas e muitas vezes.

Conte para si o que quer dessa relação, depois observe o que tem recebido dela. Em seguida, em uma boa e pontual conversa, coloque (sem brigas ou descontrole) seu desejo, deixando claro o que quer e o que não aceita.

> **É ESSENCIAL RESPEITAR NOSSOS SENTIMENTOS, SEM CORROMPER VALORES, ESGARÇAR LIMITES E TOLERÂNCIA, PASSANDO POR CIMA DO AMOR-PRÓPRIO.**

Tente ter um discurso coerente com suas atitudes. Caso contrário, a outra parte dificilmente levará você a sério, e tudo que foi dito será em vão.

Não acho que seja fácil. Quando a gente gosta fica difícil racionalizar, mas se não agirmos assim nada mudará! Tudo continuará igual e esse sofrimento que você está passando não cessará nunca.

Carta para quem magoou você

Oi...

Talvez você nunca venha a saber ou mesmo mensurar a tristeza que provocou em mim.

Não pense que estou escrevendo aqui para culpar você. Até porque, as expectativas que criei sobre você sempre foram minhas e meus sentimentos são inteiramente da minha responsabilidade.

Sei bem disso.

Acontece que quando a gente tem muita consideração por alguém e um sentimento grande aqui dentro, pulsando, por mais que pareça não adiantar nada, dá uma vontade enorme de dizer esse monte de coisas que ficam reprimidas, berrando no peito.

Não tenho nenhuma intenção de discutir sobre quem tem ou deixa de ter razão, quem começou ou acabou com tudo. Na verdade, só queria mesmo dividir com você o quanto essa situação me machucou. Talvez, dessa forma, sinta algum tipo de alívio. Deve ser isso.

Tento buscar explicações, razões, me esforçando para compreender e, no fim, chego sempre à mesma conclusão: "Quanto desperdício, tempo perdido, amor desgastado, feridas gratuitas e cumplicidade, tudo jogado no lixo!"

Penso que talvez seu orgulho e vaidade nem permitam que você leia esta carta até o fim. Mas, se chegou até aqui, saiba que não existe absolutamente nada que possa me doer mais do que a desvalorização de um amor de verdade, e você perde muito enxergando tão pouco sobre mim, sobre nós, sobre tudo...

> QUANDO A GENTE TEM MUITA CONSIDERAÇÃO POR ALGUÉM E UM SENTIMENTO GRANDE PULSANDO NO CORAÇÃO, DÁ UMA VONTADE ENORME DE DIZER UM MONTE DE COISAS QUE FICAM REPRIMIDAS, BERRANDO NO PEITO.

Aquela pessoa que você teve que tirar da sua vida

Você não queria, não foi fácil. Aliás, quando o pensamento trai e traz alguma memória, alguma lembrança de vocês, o coração vibra, ao mesmo tempo que aperta.

A gente não esquece de alguém especial, que significou muito na nossa vida e que, por algum grande motivo, tivemos que excluir da nossa convivência. O que acontece é que vamos aprendendo e nos acostumando a viver sem essa pessoa. Os sorrisos, gargalhadas, dias alegres e momentos deliciosos continuam a existir e somos passíveis de muitas emoções indescritíveis, mesmo com a ausência de alguém que julgávamos indispensável ao nosso lado.

A ausência desse alguém promove o amadurecimento necessário para compreendermos que não se trata de esquecer e nem de arrancar ninguém da nossa cabeça, mas aceitar que nesse momento, por algum motivo, nossa caminhada seguirá sem essa pessoa.

Para os mais evoluídos, há a possibilidade de guardar, de um jeito positivo, tudo que foi bom e se nutrir de cada experiência vivida. O que machucou ou deixou a desejar é descartado e deixado para trás. Dessa forma, seguimos mais leves e libertos do que não pôde ser, não é e não existe mais.

Para mim, o maior segredo está em aceitar o que cabe em nossas vidas neste exato momento, sem forçar o que não é para ficar, nem querer mudar o desfecho natural das coisas. Para tudo há uma razão muito maior do que aparenta.

Nem sempre as coisas acontecem como queremos, mas sempre são exatamente como precisam ser.

> **A GENTE NÃO ESQUECE DE ALGUÉM ESPECIAL, QUE SIGNIFICOU MUITO NA NOSSA VIDA E QUE, POR ALGUM GRANDE MOTIVO, TIVEMOS QUE EXCLUIR DA NOSSA CONVIVÊNCIA. O QUE ACONTECE É QUE VAMOS APRENDENDO E NOS ACOSTUMANDO A VIVER SEM ESSA PESSOA.**

Quando eu perdi o medo de ficar sozinha

Nunca escondi de ninguém que tive muito pavor da solidão durante muitos anos da minha vida. Lembro-me do desespero que me possuía, na infância, em momentos que tinha que ficar sozinha. Chorava, batia os pés, era uma birra só. Não mudou muito na adolescência. Sempre tinha que estar grudada em grupos ou naquela amiga inseparável. Era dia e noite interagindo com alguém, fosse pessoalmente ou por telefone. Aliás, eram horas pendurada no aparelho.

Então, começaram os namoros. Pronto! Daí em diante, era uma relação emendada na outra. Parar para respirar, ponderar, avaliar? Nem pensar!

Fazia o que fosse possível para me distrair de mim mesma. Isso, inevitavelmente, gerava uma dependência gigante da pessoa com a qual eu estava. Recordo-me bem de me angustiar com ausências, distanciamentos pós-discussões, brigas e até de me humilhar pelo pavor de me ver só.

Pois é, demorou bastante para me interessar mais por mim mesma do que pelo outro. Já estava com meus vinte e alguns anos quando comecei a gostar mais de mim, mergulhar nos meus interesses individuais, entendendo que, sim, a pessoa que está ao meu lado é importante, mas eu sou mais.

Minha vida depende só de mim, não dela. Na verdade, foi um processo tão natural que, quando dei por mim, estava fazendo muitas coisas sozinha. Fui construindo meu universo particular com minha singularidade, intimidade e privacidade. Mais consciente dos meus recursos, passei a curtir minha companhia, ouvir meus próprios ecos, reconhecer minhas sombras, meus desejos obscuros, confidenciar receios, ponderar escolhas e analisar meus próprios caminhos.

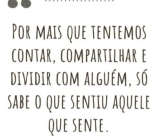

> Por mais que tentemos contar, compartilhar e dividir com alguém, só sabe o que sentiu aquele que sente.

Na realidade, com o tempo, a gente vai percebendo que a tão temida solidão faz parte da gente. Nós nascemos e morremos sozinhos, e é sozinho também que vivemos todas as emoções da vida. Por mais que tentemos contar, compartilhar e dividir com alguém, só sabe o que sentiu aquele que sente.

Mas, enquanto não suportamos encarar nossa condição e insistimos em evitá-la, procuramos formas para nos distrair da solidão e fugir de nós mesmos. Mas chega o momento em que, por bem ou por mal, encaramos o que nos assombra e, finalmente, passamos a existir de verdade, sem nos sujeitar a qualquer coisa ou aceitar qualquer companhia.

Todo mundo tem aquela pessoa...

P asse o tempo que passar, aconteça o que acontecer, aquela pessoa sempre vai mexer com você.

Tem gente que tem o dom de nos desmontar. Por mais que tentemos fugir desse impacto, ela vai muito além das nossas forças.

O fundamental é nos conscientizarmos disso. Saber que esse lance acontece e que não é brincadeira nem pouca coisa. O negócio é sério, e se não tomarmos cuidado o sujeito cruza de novo o nosso caminho e, sem dó, desorganiza tudo. Pois é, tem coisa que nem você, nem Freud, nem o Papa ou o Dalai Lama conseguem explicar. Acontece um curto-circuito entre vocês e, por mais que você saiba que essa relação não funciona, a conexão volta a todo o vapor! E, depois, quem paga o preço é o coração, já que a cabeça não ajudou em nada.

O jeito é considerar o fenômeno, não negar, tampouco subestimar o quanto essa pessoa mexe com você. Para que, dessa forma, só se permita o contato se realmente entender que as intenções são seguras e o campo disponível é propício para o fluir da relação. Do contrário, mantenha distância para não se envolver com esse amor de risco e perder-se de si.

Quando a pessoa estiver realmente a fim, ela dará um jeito

Se a pessoa estiver realmente a fim, pode ter certeza de que ela dará um jeito. Vai chegar até você de qualquer maneira. Pode ser de Uber, a pé, de bike, trem, skate, patins, balão, asa-delta, moto, a nado, correndo, de barco, avião, do nada, chovendo, na neblina, com chuva ou sol a pino! Se o desejo bater, a pessoa atravessa fronteiras, dribla o chefe, antecipa a academia, vara a madrugada, desmarca a terapia, cancela a viagem, perde a vergonha na cara, desiste de qualquer compromisso, mas chega até você!

Dá um jeito, bola uma estratégia e faz acontecer. Agora, se o sentimento não for lá tudo isso, se não estiver assim muito a fim, se foi fogo de palha e já passou, qualquer motivo é uma boa desculpa para não ir, desmarcar, esquecer, deixar passar, sumir...

Você precisa terminar com o seu ex

Esse ciclo vicioso já deu o que tinha que dar e agora só dá dor de cabeça. Já reparou que toda vez que as coisas parecem estar engrenando, fluindo, acontecendo, do nada surge o bendito ex para bagunçar tudo? Seja na "despretensiosa" mensagenzinha no WhatsApp, uma curtida na sua *selfie* ou, quem sabe, aquele encontro "sem querer querendo" na saída do trabalho, na festa do amigo, ou até na rua da sua casa. Que incrível coincidência, não? Deve ser o destino...

Aff! Poupe-me!

Essa história de ficar em cima do muro, de não se posicionar, ora procura, mas não tem certeza se é isso que quer, dizer que tem saudade, sente falta, fica no chove não molha, não sabe se vai ou se fica... Meu Deus! É como ficar parado na porta! Não entra, não sai e fica atravancando a passagem! Veja só que ironia: vocês acabam um relacionamento, você ainda gosta da pessoa, ela sabe que balança você, e parece que se aproveita disso para manipular e assombrar a sua vida! Afinal, a cada investida, você fica na esperança da retomada, do tipo: AGORA VAI! E é sempre uma decepção atrás da outra.

Vamos combinar? Chega! Já deu! Agora só faltava você virar amante de ex.

As chances foram dadas, as tentativas feitas, o tempo passou, as frustrações se repetiram e o limite já estourou faz tempo. A sua consciência está tranquila de que foi feito absolutamente tudo que era possível, mas o orgulho e a dignidade foram perdidos em algum lugar e nem se sabe onde! A paciência explodiu há séculos e o seu sentimento foi desconsiderado, pisoteado e sufocado de todas as maneiras imagináveis.

Você merece amor de verdade, reciprocidade, respeito, e precisa urgentemente de paz!

Entendeu? Caiu em si?

Boa! Agora, feche esse ciclo...

> **JÁ REPAROU QUE TODA VEZ QUE AS COISAS PARECEM ESTAR ENGRENANDO, FLUINDO, ACONTECENDO, DO NADA SURGE O BENDITO EX PARA BAGUNÇAR TUDO?**

Eu quis você muito

Mas muito mesmo! Queria de qualquer jeito, de toda forma. Acho que queria tanto, beirando o absurdo de estar viciada em querer você.

Não importava o que você fazia, falava, deixava de fazer ou causava na minha vida. Eu, simplesmente e absurdamente, queria você. Queria que desse certo, que a gente se amasse muito, que nada atrapalhasse e que o nosso final feliz chegasse o mais rápido possível, a qualquer custo.

Eu queria você tanto – de dia, de noite, na madrugada, na semana, no final de semana e feriado – que esquecia de mim. Fui me deixando de lado com o pensamento, desejo, comportamento e só tinha planos totalmente voltados para você.

Sem notar, fui me abandonando e colocando você como protagonista, razão e colorido do meu universo espremido nesse desejo de querer você.

Por muito tempo foi assim...

Até que, finalmente, me dei conta de que estava sumindo de mim mesma, me anulando para você. Cheguei ao limite, ao caos.

Não foi da noite para o dia, mas resolvi me reerguer, não desistir de mim e me reencontrar. Em muitos momentos achei que não conseguiria, que não teria jeito, mas consegui.

Comecei a resgatar antigos sonhos, interesses e cuidados comigo mesma. Fui me lembrando, pouco a pouco, da minha importância e do muito que eu amava fazer e que havia deixado para trás. Revisitei amigos, retomei velhos *hobbies*, reativei metas e retomei minha individualidade.

Durante parte desse processo, nos afastamos de vez. Já estávamos desconectados demais para reaver a relação. Mas o fato é que eu quis muito... Tanto, que cheguei a me perder de mim. E o preço do meu resgate foi me desligar de você.

> **NÃO IMPORTAVA O QUE VOCÊ FAZIA, FALAVA, DEIXAVA DE FAZER OU CAUSAVA NA MINHA VIDA. EU, SIMPLESMENTE E ABSURDAMENTE, QUERIA VOCÊ.**

Tem gente que saiu da sua vida, mas não da sua cabeça

É ou não é?

Passa o tempo, mas essa pessoa não passa longe da sua cabeça. Parece estar impregnada, colada, costurada, tatuada na memória constante do seu pensamento. Você esquece onde deixou os óculos, as chaves, esquece da consulta marcada, de pagar o boleto, esquece de dar parabéns para aquela amiga, mas não esquece dessa bendita pessoa! Aff!

Você tenta daqui, tenta dali, mas o negócio marcou de um jeito que será impossível esquecer... O jeito é se permitir cada vez mais experiências, conhecer novas pessoas, elencar novas prioridades de vida para enfraquecer essa lembrança teimosa aí dentro. Apagar não dá! Mas se não é possível ter esse alguém com você como gostaria, o jeito é encher a cabeça com aquilo que dá para acontecer, fazer, ter, realizar e viver.

> O JEITO É SE PERMITIR CADA VEZ MAIS EXPERIÊNCIAS, CONHECER NOVAS PESSOAS, ELENCAR NOVAS PRIORIDADES DE VIDA PARA ENFRAQUECER ESSA LEMBRANÇA TEIMOSA AÍ DENTRO.

Como deixar de gostar de quem a gente gosta

S oa como um paradoxo. Como pedir para alguém que tem sede não beber, ou tirar o casaco mesmo sentindo muito frio? Esqueça, não vai funcionar. A gente não para de gostar de ninguém à força, na marra, na imposição. Mas, sim, gostando mais de si mesmo.

Há situações que fogem completamente do nosso controle (acredite, não são raras!). Nem sempre gostamos de quem gosta da gente, ou o desinteresse do outro acontece ao mesmo tempo que o nosso. As coisas mudam num piscar de olhos e, com o tempo, percebemos que o ser humano é totalmente imprevisível! E haja paciência e recursos para lidar com cada pancada emocional que levamos. Ah, e coloca uma coisa nessa cabeça: nem você, nem eu, nem qualquer outra pessoa muda alguém. Quem muda é ela mesma, se quiser e decidir por isso.

Os encontros e desencontros são muitos, nossos amores nem sempre serão correspondidos, e quem ainda não sofreu aquela frustração amorosa e sentiu o gosto amargo da rejeição não calejou o coraçãozinho.

Vivido tudo isso, ou em parte, vamos entendendo a importância de preservarmos nosso arsenal emocional. Deixamos de teimar no que achamos que devemos ter do outro e buscamos na gente. Olha que maravilha! Nutrir amor por si mesmo é proteger o íntimo, abraçando todo um legado, sonhos, valores e dignidade. Amar aquilo que somos é tratar com carinho a nossa verdade, zelar por todas as escolhas que fazemos, perdoando, exercitando a gratidão, agregando aprendizados, acolhendo e cuidando para que não nos tornemos reféns de nenhuma situação que abuse dos nossos limites.

> **NEM VOCÊ, NEM EU, NEM QUALQUER OUTRA PESSOA MUDA ALGUÉM. QUEM MUDA É ELA MESMA, SE QUISER E DECIDIR POR ISSO.**

Quando você aprende a se amar e se colocar como prioridade, aqueles que não vibrarem na mesma sintonia não terão espaço na sua vida. Naturalmente, por proteção, acontecerá um afastamento. O amor-próprio se encarrega de nos desinteressar por qualquer coisa que nos desrespeite ou coloque nossa integridade em risco. Quando nos amamos o suficiente, sempre estaremos em primeiro lugar e só permitiremos envolvimentos à altura do nosso merecimento.

Você fez o melhor que podia

Fez o que era possível, o que estava ao seu alcance. Pare de se criticar tanto, ficar imaginando o que poderia ter sido, mas não foi, martirizando-se pela resposta que deu ou deixou de dar, a atitude excessiva ou a que não conseguiu tomar.

Fica muito fácil saber o que seria melhor a fazer, depois de tudo ter sido feito. Naquela hora, foi o que você acreditou ser a melhor escolha. Nada como a experiência para nos aprimorarmos.

Eu sei que, às vezes, bate um aperto no peito, na alma! E a gente não consegue aceitar ou se conformar com a nossa conduta, nesta ou naquela situação, tão significativa em nossas vidas. Mas vá com calma! Já não bastam as pancadas que levamos durante nosso percurso e você ainda insiste em se dar essa surra emocional?

Seja mais compreensivo consigo mesmo. Eu sei – e você também sabe – que, por mais tortas que as coisas estejam saindo, você está fazendo o melhor que pode!

Tudo bem, sempre temos algo para melhorar. Algumas empreitadas não saem conforme planejamos, mas sempre há uma razão para este ou aquele desfecho, e nossas ações revelam nossas buscas, deflagram os recursos que temos. Cada comportamento nos conta um pouco sobre nosso íntimo, tanto a postura construtiva quanto a autossabotagem. Experimente, em vez de se autoflagelar, se colocando lá embaixo, enxergar nos saldos atuais os reflexos do que anseia dentro de você. A maturidade se desenvolve através da capacidade de aprendermos com nossas falhas e insucessos, superando cada obstáculo que surgir, nos tornando mais fortes. Isso é evoluir.

Portanto, a cada lição que a vida apresentar a você, não descarte, drible ou ignore. Mesmo com dificuldade e resistência, empenhe-se no aprendizado, sem cobrança, mas absorvendo tudo que conseguir. Ele será pré-requisito necessário para algo que virá adiante.

> **A MATURIDADE SE DESENVOLVE ATRAVÉS DA CAPACIDADE DE APRENDERMOS COM NOSSAS FALHAS E INSUCESSOS, SUPERANDO CADA OBSTÁCULO QUE SURGIR, NOS TORNANDO MAIS FORTES. ISSO É EVOLUIR.**

Viver sem aquela pessoa...

Parecia impossível! Você chegou a pensar que não conseguiria viver sem ele.

O sentimento era imensurável e a dor, insuportável. As horas demoravam a passar; os dias eram longos e vazios; a vontade de chorar, constante, e a angústia, vinda das entranhas da alma, sua única companhia.

Os pensamentos ruminavam, numa busca incessante sobre a razão daquele afastamento. Você nunca quis que fosse assim, o amor ainda era imenso e o desejo de que nunca tivessem se separado, também. Tudo pareceu perder o sentido: o inconformismo, a vontade de procurar, saber como estava, o que e se ainda sentia algo dominavam a sua mente.

Foi um período árduo, que parecia não terminar nunca. A possibilidade de ser feliz sem essa pessoa parecia ser a coisa mais impossível deste mundo. Você não consegue se lembrar quando, mas, incrivelmente, esse desconforto foi passando e dando lugar a uma nova forma de experimentar e enxergar o mundo. Aquele aperto no peito foi embora pouco a pouco, dando lugar a outras emoções, e temas diversos foram surgindo no seu universo.

Algumas pessoas do seu passado voltaram, outras foram resgatadas por você, assim como antigos planos, sonhos, *hobbies* e vontades. Ainda que houvesse uma enorme dificuldade em estar distante de quem você ainda gostava demais, o amor-próprio falou mais alto e mostrou a você mesma muitas outras alternativas de felicidade. E foi então que você se permitiu recomeçar, autorizando em seu íntimo a chegada de novas experiências, iniciando uma nova fase da sua vida.

> **FOI UM PERÍODO ÁRDUO, QUE PARECIA NÃO TERMINAR NUNCA. A POSSIBILIDADE DE SER FELIZ SEM AQUELA PESSOA PARECIA SER A COISA MAIS IMPOSSÍVEL DESTE MUNDO...**

Você não imaginava que poderia se sentir tão bonita, poderosa, plena, livre. Que outras pessoas poderiam se interessar por você e você por elas. Nem passava pela sua cabeça se envolver com os projetos que tem hoje.

As novas experiências que surgem agora fazem você entender a razão de tudo que aconteceu, favorecendo esse reencontro consigo mesma. Você se percebe tão bem, tão tranquila, compreendendo que a dor realmente passou e que, finalmente, se sente refeita e em paz.

Ignorado por alguém que você gosta

Ser ignorado é uma das piores sensações desta vida. E quando essa ação vem de uma pessoa especial, que tem ou teve um vínculo íntimo com você, nem se fala. Trata-se de uma agressividade velada e cruel. Quem a faz não suja as mãos, mas impacta visceralmente aquele que se importa.

Não há arma mais letal para um afeto do que a indiferença. Ela cala sem consentir e reprime qualquer possibilidade de troca, exteriorização e contato.

Ter vontade de falar com alguém, conversar, entender, clarear uma determinada situação e ser completamente rejeitado dói tanto ou mais do que qualquer dor física. Você se vê obrigado a sufocar sua voz e oprimir seus sentimentos.

Passada a pancada, o jeito é lidar com o fato. Não force a barra e procure compreender, na medida do possível, que o ser humano é imprevisível mesmo, e que possui os mais variados e impensáveis motivos para que tenha agido dessa forma. Observe de quem vem, pense sobre os recursos emocionais e a maturidade daquela pessoa. Pouco a pouco, aquele sentimento amargo vai passando e você vai aprendendo o que esperar de cada uma das pessoas que cruzam o seu caminho, assim como respeitar a decisão delas.

A parte positiva dessa história é que você se torna mais experiente e seletivo com as relações. Deixa de dar atenção ao desinteresse do outro, a ignorar quem ignora você e, principalmente, coloca na cabeça, de uma vez por todas, que a gente deve se importar com quem se importa, querer quem nos queira e valorizar quem, de fato, nos valorize.

> **TER VONTADE DE FALAR COM ALGUÉM, CONVERSAR, ENTENDER, CLAREAR UMA DETERMINADA SITUAÇÃO E SER COMPLETAMENTE REJEITADO DÓI TANTO OU MAIS DO QUE QUALQUER DOR FÍSICA.**

Nem todo afastamento é por falta de amor

Nem todo afastamento é por falta de amor, mas, sim, por amor-próprio. A pessoa tem que se amar muito para abrir mão de uma relação disfuncional, empacada, tóxica e/ou abusiva, em prol da sua integridade e paz emocional.

> A PESSOA TEM QUE SE AMAR MUITO PARA ABRIR MÃO DE UMA RELAÇÃO DISFUNCIONAL.

Se a porta não se abrir, talvez não seja a sua

Você tenta abrir uma, duas, três vezes, dá uma forçadinha – afinal, portas emperram de vez em quando –, mas ela não abre de jeito nenhum.

Essa é uma analogia interessante e, frequentemente, usada diante de situações em que nos colocamos e insistimos para que se desenrole do jeito que desejamos e imaginamos. Pode ser um amor, um emprego, um negócio, um desejo. O fato é que nos empenhamos sobremaneira para dar certo, movemos mundos e fundos para que a coisa engrene e, inexplicavelmente, algo embarga, fica nublado, não flui. Tudo é muito custoso e difícil, os investimentos não correspondem, não se tem resposta. Por mais que doa o coração e frustre expectativas, não se preocupe, tudo isso serve para mostrar que essa porta, definitivamente, não é sua.

Comprometimento e obstinação são características virtuosas, mas bom senso e ponderação também não ficam para trás. Em muitos momentos da vida, se pararmos para analisar aquilo que temos, o que estamos fazendo, o saldo de todo o empenho, reciprocidade e energia, veremos que são fundamentais para cuidarmos de nós e nos pouparmos.

Às vezes, tudo que precisamos é vencer fixações obsessivas de metas impostas em nossa mente, para libertar nossos corações de buscas vazias, viciadas e solitárias, permitindo-nos considerar e olhar para novas portas e janelas que se abrem naturalmente, com facilidade, gosto, vontade, sem desgaste ou qualquer sacrifício.

> ... NOS EMPENHAMOS SOBREMANEIRA PARA DAR CERTO, MOVEMOS MUNDOS E FUNDOS PARA QUE A COISA ENGRENE E, INEXPLICAVELMENTE, ALGO EMBARGA, FICA NUBLADO, NÃO FLUI.

Desculpe-se!

Tire essa culpa de cima de você. Dispa-se dela de uma vez por todas! Chega de ser tirana consigo mesma, achando que tudo acontece ou aconteceu porque você fez isso ou deixou de fazer aquilo. Pare de achar que o controle – ou o descontrole – do saldo dos ocorridos é seu. Existem inúmeras razões para que os desfechos sejam da maneira que são. Infinitas coisas se realizam, ou deixam de se realizar, por diversos motivos alheios a você.

Pare de se sobrecarregar e de se exigir tanto!

Você não vai acertar todas e tudo bem! O mundo ainda existirá e você poderá ser muito feliz, mesmo com falhas, desilusões, frustrações e tantos percalços nesta vida.

Liberte-se dessa obrigação de ter que ser perfeita em tudo o que se propõe a fazer. Mesmo errando, não respondendo como gostaria, ou não tendo o resultado almejado, você continua sendo especial, incrível e merecedora de tudo aquilo que deseja.

Desculpe-se, permita-se a sensação indescritível e deliciosa de trocar autopunições e pensamentos destrutivos por acolhimento e amor por si mesma. Nos momentos de maior fragilidade e vulnerabilidade, tudo que precisamos é do nosso próprio respaldo, compreensão e resiliência para que, assim, possamos nos recompor e seguir em paz a nossa caminhada.

Em um mundo de relações líquidas, não se afogue

Está difícil encontrar terra firme em meio a esse mar de relações líquidas...

Escuto com muita frequência gente desacreditada, dizendo que não tem mais jeito, relacionamento nos dias de hoje segue o lema do "se pegar, sem se apegar".

Seria no mínimo alienação dizer que é impressão ou não é nada disso. Fato é que estamos numa era em que o mais importante é usar e não se apropriar. Basta darmos uma olhadinha no mercado imobiliário, nas novidades de locomoção, no estouro das entregas rápidas. O que se nota é que a modernidade trouxe ferramentas facilitadoras de acesso rápido, respondendo à exigência da economia de tempo e baixo investimento. Por mais que seja muito interessante e vantajoso no bolso e na praticidade de tantas necessidades funcionais, o reflexo nas relações amorosas não é pouco, não.

Cada vez mais a ideia de criar vínculos, comprometer-se e responsabilizar-se torna-se trabalhosa e custosa demais. Afinal, relacionamento duradouro com exclusividade requer um baita investimento, envolvimento, vulnerabilidade, tolerância, desenvolvimento mútuo, não tem garantia e ainda há muitos riscos de frustração. Pensando nisso, muita gente passa longe dessa possibilidade e se mantém em relacionamentos múltiplos e rasos.

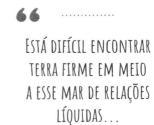

> ESTÁ DIFÍCIL ENCONTRAR TERRA FIRME EM MEIO A ESSE MAR DE RELAÇÕES LÍQUIDAS...

Nada contra essa modalidade, que tem lá o seu lado divertido. O descompromisso, em alguns momentos, nos ajuda a distrair e relaxar um pouco.

Porém, ainda que essa liberdade toda soe atraente e que muitos se joguem nela sem pensar no amanhã, vejo muitos corações desorganizados e perdidos, sedentos de trocas sinceras, consideração, respeito, comprometimento – e lógico –, carentes de se sentirem importantes para alguém, além de si mesmos. Que ironia, não? Todo mundo podendo ser de todo mundo, até alguém se apaixonar e desejar reciprocidade...

Sim! Pode acontecer com qualquer um de nós, cedo ou tarde, de um jeito ou de outro.

Bom, sobre isso, só me resta considerar que, independentemente de nos deliciarmos em mar farto, ainda que saibamos nadar em largas braçadas na direção que quisermos, ter a possibilidade de escolher permanecer em terra consistente ainda parece ser a vontade de muita gente.

Você não precisa disso!

Você não precisa passar por essa situação e muito menos se prestar a esse papel.

Quanto mais insistir nesse comportamento, alimentando essa dinâmica viciada, mais irá se torturar e se ferir. Não é justo fazer isso com você. Parece que seu emocional cegou sua razão e a impulsividade tomou conta de tudo.

Pare e pense! Essa conduta não levará você a lugar algum, a não ser para longe de si mesmo e da sua dignidade. Enquanto você infla o ego da outra pessoa, sua autoestima é dilacerada e esquecida, sabe-se lá onde.

Sem se dar conta, você vai se acostumando com isso, acreditando que essa é a condição da sua vida, prestando-se a essa relação pobre e desgastante.

Confie quando digo que você não precisa disso. Você não precisa depender de ninguém, mendigar atenção, suplicar carinho, amor, confiança e presença. Quem não o reconhece não merece você.

Você é muito maior do que tudo isso e precisa, de uma vez por todas, cair em si e reconhecer que merece muito mais.

Saiba diferenciar quem diz que ama você daquele que faz você se sentir amada

Há uma diferença bastante significativa entre quem diz que ama você e quem verdadeiramente faz com que você se sinta uma pessoa amada.

Amor não é sentimento imposto, encomendado e nunca funcionou por condição. Quando se ama alguém, o sentimento brota espontaneamente, não controlamos o seu despertar, muito menos a intensidade com que acontece. Há situações, inclusive, em que sofremos por querer amar, mas não sentimos amor. Em outras, amamos enlouquecidamente, mas não é recíproco! E, finalmente, há aquelas em que amamos e somos amados! Salve estas, que são as melhores!

O mais engraçado é que essa história de se sentir amado é absolutamente íntima e pessoal, cada um tem a sua linguagem de amor! E não consigo imaginar sensação mais gostosa do que se sentir amado por quem a gente gosta. Independentemente do modo peculiar que tenhamos para entender o amor, o fato é que, se perceber especial, visto, reconhecido e importante por quem queremos bem, causa uma paz aqui dentro e é bom demais.

Portanto, há uma grande diferença entre dizer, escrever e falar milhares de vezes o quanto se ama e amar de verdade! Fazer jus às emoções e exercê-las! Nutrir um sentimento consistente e equivalente com o que se exclama da boca para fora. Aí, sim, estaremos vivendo intensamente e proporcionalmente a teoria na prática.

> QUANDO SE AMA ALGUÉM, O SENTIMENTO BROTA ESPONTANEAMENTE, NÃO CONTROLAMOS O SEU DESPERTAR, MUITO MENOS A INTENSIDADE COM QUE ACONTECE.

Escolha quem escolhe você

Não foi do dia para a noite, mas em algum momento, finalmente, entendi que relacionamento amoroso não é uma condição.

Nós não temos que namorar, noivar, casar e tampouco permanecer com alguém.

Nós temos o total direito de escolher se queremos e com quem queremos nos relacionar. Ainda mais se a situação, de alguma forma, não nos faz bem ou não funciona mais. Então, escolha quem escolhe você. Fique com uma pessoa que corresponda aos seus desejos, que tenha tanta vontade quanto você de estar junto e fazer dar certo!

Em relação a quem não faz questão, tem dúvida, medo, é instável, misterioso, difícil, faz joguinho e dá uma canseira daquelas, não perca seu tempo, sua energia, seus preciosos dias sofrendo e morrendo de ansiedade por quem não escolheu você.

Você é especial e importante demais para permanecer nesse limbo. Queira e fique com quem quer você!

É bom demais ter um amor em reciprocidade.

Ele achou que você aguentaria tudo, só esqueceu que tudo tem limite

A pessoa tinha certeza absoluta de que você nunca a abandonaria, por isso não se preocupou em cuidar, surpreender ou impressionar. Na verdade, estava para lá de acomodada.

Deixou de investir na relação há muito tempo. Aliás, você nem sabe quando foi a última vez que se sentiu especial, importante e prioridade.

Na fase da conquista era praticamente outra pessoa. Prometeu o céu e a terra, era carinhoso, cuidadoso, dedicado e interessado que só. Fazia o possível e o impossível para se encontrar com você e aí até perdia a noção do tempo, não importava mais nada e você se sentia a pessoa mais feliz deste mundo.

Nem dá para acreditar que o comodismo se instalou e a segurança demasiada de que você toleraria qualquer coisa, que jamais poderia terminar a relação, causou esse desencanto todo.

O amor sempre foi imenso e, sabendo disso, ele usou e abusou desse sentimento quanto pôde. Você sinalizou, mostrou desconforto e insatisfação. Não foi uma, nem duas, nem três, foram inúmeras vezes! Mas nunca foi o bastante. Nada mudou, até que você chegou ao seu limite e colocou um ponto final. A dor é imensa, o esgotamento maior ainda.

Embora o amor exista, agora já deu. Acabou!

> **DEIXOU DE INVESTIR NA RELAÇÃO HÁ MUITO TEMPO. VOCÊ NEM SABE QUANDO FOI A ÚLTIMA VEZ QUE SE SENTIU ESPECIAL, IMPORTANTE E PRIORIDADE.**

Suas escolhas amorosas falam sobre você

Vamos imaginar o seguinte: ninguém sabe quem é você, mas lhe são apresentadas todas as suas escolhas amorosas, desde a primeira paixão, lá do passado, ao atual ou último relacionamento.

Analisando com cuidado cada uma dessas pessoas e observando os perfis relacionais estabelecidos, o que poderíamos dizer sobre você? Reflita.

Veja só, temos uma mania constante de apontar o caos da nossa vida no outro, ou as razões disso, ou daquilo. Dizemos que fulano é louco, doente, distante, que beltrano é sem caráter, impossível e difícil à beça. Mas raramente paramos para perceber as razões que nos fazem continuar ali, com esta ou aquela pessoa. As razões que ora justificamos, na verdade, são álibis apoiados em nossas inseguranças.

Dificilmente ponderamos os aspectos que favorecem nossa permanência na interação. Pouco pensamos sobre os motivos invisíveis que nos acomodam e nos estagnam em lugares aparentemente desconfortáveis.

Nunca é ao acaso a escolha da pessoa com quem nos relacionamos. Ela sempre refletirá nosso merecimento e o tipo de relação que suportamos.

Em algum momento formamos esse par, ou fomos convidados a entrar, um na vida do outro.

Aquilo que dizemos nem sempre condiz com os nossos sentimentos mais íntimos. Podemos gritar aos quatro cantos quanto queremos uma relação estável e pacífica. Mas se internamente nossa visão de amor parece um campo de batalha e rodeada de insegurança, é esse tipo de relacionamento que estaremos atraindo.

Não se desespere! Ainda assim, sempre é possível rever seus pensamentos e atitudes. Proponho que você substitua as queixas infindáveis sobre com quem esteja, ou esteve, por uma boa análise do que essa experiência diz sobre suas buscas, permissões, valorização e, principalmente, a capacidade de amar e se entregar.

O pulo do gato não é achar um culpado, ou reclamar para o mundo sobre o responsável pelo caos relacional, mas se conscientizar de que é necessário – e possível – evoluir, melhorar e mudar no seu íntimo, para a transformação da sua vida, com diferentes possibilidades e desfechos muito mais promissores.

> **PROPONHO QUE VOCÊ SUBSTITUA AS QUEIXAS INFINDÁVEIS SOBRE COM QUEM ESTEJA, OU ESTEVE, POR UMA BOA ANÁLISE DO QUE ESSA EXPERIÊNCIA DIZ SOBRE SUAS BUSCAS, PERMISSÕES, VALORIZAÇÃO E, PRINCIPALMENTE, A CAPACIDADE DE AMAR E SE ENTREGAR.**

Fisicamente distantes e emocionalmente sintonizados

Relacionamento a distância pode dar certo, sim. O que vai determinar o sucesso dessa relação é a vontade e o investimento mútuo nessa proposta.

Ok, já sabemos que não será uma relação convencional. Mas se proximidade fosse essencial, não teríamos tantos rompimentos relacionais de pessoas que moram na mesma cidade, na mesma rua e até na mesma casa.

Está certo que a presença é importante, mas se a pessoa que você ama está em outra localidade que não pertinho fisicamente de você, ao menos por algum tempo a presença emocional e a conexão entre vocês serão imprescindíveis. Aí está o pré-requisito para a interação ser mantida e o vínculo fortalecido.

Na verdade, quando queremos nos fazer presentes, encontramos uma forma, um meio de isso acontecer.

Quando nos relacionamos com alguém que esteja longe, precisamos tomar alguns cuidados. Podemos diminuir essa distância, usando e abusando das ferramentas tecnológicas facilitadoras de hoje em dia para ambos participarem, ao máximo, da vida do outro. Por exemplo, fazer chamadas de vídeo frequentes; contar sobre o que aconteceu no dia; combinarem de assistir a séries e filmes ao mesmo tempo para conversar depois; dividir sonhos; planejar encontros; não estressar por qualquer bobagem; não bancar o controlador e chato ciumento, não aceitando que a parceira tenha amigos e vida além da relação de vocês (isso vale também para as mulheres!); se interessar pelo que o outro (ou a outra) conta, para que, dessa forma, a intimidade e a cumplicidade do casal cresçam, vencendo a limitação física pela sintonia de um sentimento consistente, intenso e recíproco.

> " Se proximidade fosse essencial, não teríamos tantos rompimentos relacionais de pessoas que moram na mesma cidade, na mesma rua, na mesma casa... "

Ah, e não se esqueça do exercício da maturidade e da sabedoria emocional, indispensável para a duração de qualquer relacionamento!

A cabeça já decidiu, mas o coração não se convenceu

Você já sabe, entendeu o que aconteceu. Finalmente a ficha caiu e você tirou a venda dos olhos.

Muito embora, racionalmente, tudo seja claro e óbvio, vez ou outra você se pega alimentando falsas esperanças, traz à tona pensamentos que já foram superados, teima em acreditar que as coisas tenham que ser assim e, novamente, fica com todos os sentimentos palpitando no peito.

O passo seguinte é sentir raiva de si, culpando-se por imaginar como tudo isso poderia ser diferente. Você custa a se convencer do que acontece verdadeiramente, por conta dessa teimosia cega que ignora os fatos colocados em frente ao seu nariz. É que dói muito! O inconformismo grita! E tudo que você deseja é que nada disso estivesse acontecendo. O que você mais queria era acordar em um dia qualquer, com tudo fluindo normalmente, do jeito que você esperava que acontecesse. Seria um final feliz, típico dos filmes de Hollywood! Porém, aqui é a vida real e a frustração é grande.

Ainda bem que a cabeça recobra os sentidos mais rapidamente e consegue se recuperar. Já o coração, perdido, aos pedaços e esgotado, precisa descansar e se recuperar para acelerar novamente na direção certa.

O amor não suporta tudo

Não! Não suporta desrespeito, humilhação, falta de comprometimento e consideração.

O fato de você amar alguém não dá o direito a essa pessoa de abusar desse sentimento, usando jogos emocionais, manipulação e tortura psicológica, que só causam angústia, ansiedade e sofrimento.

O amor só será saudável enquanto fizer bem a você. Confundir esse sentimento lindo com neuroses ou vício é desconsiderar o seu real significado. A gente gosta daquilo que agrega e transmite algo bom. Não do que é árido, complicado, dolorido, difícil e nos machuca.

Amor é troca genuína e reflexo da reciprocidade de um sentimento nutrido e exercitado por ambas as partes. Insistir na ideia de que, independentemente do caos que provoque, da bagunça que faça e da dor que cause, você continuará amando demais essa pessoa é um sinal, pra lá de alarmante, de que você está esquecendo de se amar primeiro.

Uma das principais atitudes que é preciso ter na vida é parar de correr atrás de quem não enxerga, valoriza e, muito menos, prioriza você. Tudo bem ter algum tipo de carinho, consideração por algo vivido, ou por alguma ligação entre vocês. Mas não se pode fechar os olhos para toda a falta de cuidado, de interesse, de investimento e continuar alimentando essa relação disfuncional. Afinal, uma pessoa tão especial como você precisa se libertar dessa fixação, para se permitir viver o amor na sua essência e plenitude.

UMA DAS PRINCIPAIS ATITUDES QUE É PRECISO TER NA VIDA É PARAR DE CORRER ATRÁS DE QUEM NÃO ENXERGA, VALORIZA E, MUITO MENOS, PRIORIZA VOCÊ.

Vez ou outra, você terá que se perder para se reencontrar

Há momentos nesta vida em que vamos nos sentir sem rumo, perdidos no espaço, no tempo, sem saber o que ou como fazer.

As coisas vão mudar sem nos pedir licença ou autorização. Veremo-nos em cenários completamente estranhos, diferentes e inusitados. Pode ser que sintamos medo, que fiquemos desesperados, nos sentindo deslocados e reféns da nossa própria vida.

Toda a trajetória que havíamos traçado terá mudado e, como num passe de mágica, estaremos em novas posições, com identidades sociais diferentes, exercendo novos papéis e tendo que aprender a lidar e resolver buchas que a gente jamais encomendou.

É a vida e suas surpresas!

Quando menos se espera, tudo vira de cabeça para baixo! Temos que começar do zero, aceitar imposições, perdas, tempo, ausências, impactos, mudanças e transformações do que considerávamos ser a nossa zona de segurança.

E ficamos mais desorganizados do que nunca! Sem reconhecer quem somos, ficamos assustados, ansiosos, angustiados, sem qualquer controle e ariscos aos estímulos do dia a dia.

A adaptação é indispensável e não costuma ser nada fácil no começo desse processo.

Somos obrigados a reconhecer nossa vulnerabilidade e a começar, de algum modo, a organizar a bagunça que nos tornamos.

Durante o processo de reestruturação íntima, vamos olhando os sentimentos mais de perto e acolhendo cada emoção, outrora sufocada em algum cantinho,

> **QUANDO MENOS SE ESPERA, TUDO VIRA DE CABEÇA PARA BAIXO! TEMOS QUE COMEÇAR DO ZERO, ACEITAR IMPOSIÇÕES, PERDAS, AUSÊNCIAS, MUDANÇAS E TRANSFORMAÇÕES DO QUE CONSIDERÁVAMOS SER A NOSSA ZONA DE SEGURANÇA.**

que estava acumulada e sobrecarregando o nosso emocional. Vamos organizando memórias, resgatando boas lembranças, ressignificando traumas, reparando faltas, até nos reconhecer como a pessoa que somos, para finalmente nos reencontrarmos.

Essa pessoa não rói o osso, mas também não larga

Você já deixou claro, por A+B, o que quer da pessoa. Ela, por outro lado, diz não poder ou não querer o mesmo, mas sempre dá um jeitinho de alimentar o seu interesse, não tirando o time completamente de campo.

Essa dinâmica já cansou e você tem se estressado muito. Para dizer a verdade, vem fazendo estragos na sua saúde mental.

Por mais que você já tenha percebido que essa pessoa está em outra, vira e mexe aparecem uns sinais, comportamentos que fazem você questionar e cogitar que ela ainda esteja interessada. Só que logo mais algo acontece e você percebe que não.

Está cheio de gente assim neste mundo. Ela gosta da ideia de você gostar dela, e faz questão de dar aquela estimulada, iludida e provocada. Não importa se isso está embargando a sua vida, trazendo dor, confusão ou qualquer outro sentimento ruim.

Esse tipo de pessoa adora amaciar a própria vaidade e lustrar o ego através desses joguinhos narcisistas, sustentadores de falsas esperanças alheias. E o que você pode fazer a respeito disso? Reconheça o padrão e se afaste!

Coloque na cabeça o seguinte: quem verdadeiramente quer, arranja um jeito de estar com você, deixa as intenções claras, não é ambivalente. Não brinca com os sentimentos e, muito menos, tortura você.

Sem essa de ficar tanto tempo nesse chove não molha! Você não tem que se nutrir de migalhinhas, perdendo-se por dias, na tentativa de interpretar sinais de interesse, torcendo para ser o que nunca foi. Fuja desse tipo que só desperdiça seu tempo e bloqueia seu coração para outras possibilidades.

Desobstrua sua mente! Não dê trela, preserve-se e se poupe. Queira quem faz questão de você, que tenha iniciativa e escancare que está realmente a fim, em vez de você ficar cozinhando em banho-maria.

> ESTÁ CHEIO DE GENTE QUE ADORA AMACIAR A PRÓPRIA VAIDADE E LUSTRAR O EGO ATRAVÉS DESSES JOGUINHOS NARCISISTAS, SUSTENTADORES DE FALSAS ESPERANÇAS ALHEIAS.

Cansado de conhecer pessoas e não dar continuidade com ninguém

Esgotamento total.

A história se repete continuamente. Você se permite conhecer alguém, começa um papo, curte o enredo da coisa, o beijo acontece, a química também. Desta vez você aposta, parece que vai ser diferente, tudo rolando aparentemente bem. As coisas esquentam, você já não é criança e então topa algo mais. Vocês bebem juntos, papo para cá, mão para lá, a sensação é boa e você está confortável, à vontade. Ficam juntos e, até então, nada frustra as expectativas já calejadas das pancadas anteriores.

A pessoa vai embora e fica um sentimento bom, de quero mais.

Às vezes, você até recebe aquela mensagem no dia seguinte, ou depois de alguns dias, mas, na maioria das vezes, não passa disso. Mais um a ser acrescentado na lista dos encontros casuais. Não que você não curta o lance. Afinal, sair sem compromisso tem lá seu fetiche e é divertido. Mas tem hora que a gente quer algo além, subir de patamar, evoluir na intensidade da interação. Queremos algo mais consistente, além da conversa pelo sexo. Queremos intimidade, companhia, alguém com quem se possa compartilhar e trocar.

Descompromisso também cansa. Superficialidade enjoa e tem hora que queremos mãos dadas, aquele abraço cúmplice, um colo ou ombro que nos reconforte, conversas que nos enriqueçam. Não só investimentos estratégicos para transas em piloto automático, para o *checklist* do final de semana.

Tem uma parcela imensa de pessoas que são assim, extremamente rasas! Você

> **COM O TEMPO – E MATURIDADE –, VAMOS APRENDENDO QUEM REALMENTE MERECE E VALE NOSSO TEMPO, NOSSA ATENÇÃO, DESFRUTAR DO NOSSO BEIJO, TOCAR O NOSSO CORPO, CURTIR A NOSSA COMPANHIA, ENTRAR NA NOSSA CASA!**

tem toda a razão. Mas há também, no meio desse lamaçal, gente que quer e sabe ser desse outro jeitinho que amamos. Sempre dá para ajustarmos a nossa postura nos encontros, para nos preservarmos um pouquinho mais, facilitando a triagem, sendo mais seletivos.

Se a ideia é dar continuidade, talvez seja interessante observar o momento de nos "darmos por inteiro" a alguém. Vamos segurar a onda e selecionar melhor? Com o tempo – e maturidade –, vamos aprendendo quem realmente merece e vale nosso tempo, nossa atenção, desfrutar do nosso beijo, tocar o nosso corpo, curtir a nossa companhia, entrar na nossa casa! Enfim, façamos melhor as nossas escolhas. Senão, estaremos ocupando a nossa vida com o que não vale nada, impedindo que chegue até nós o que realmente faz a diferença.

Nunca foi amor, sempre foi vício

Em algum momento tinha ficado claro que a relação já não fazia mais nenhum sentido. Mas, mesmo sabendo que era hora de terminar tudo, a ideia de romper provocava arrepios, medo, insegurança.

Essa ambivalência perdurou por algum tempo, até que não teve jeito, não existia outra alternativa, o lance ficou bem claro, sem escapatória: vocês tiveram que terminar!

Foi uma mistura de sentimentos, ora de alívio, ora de saudade. Sensação de missão cumprida e momentos de curiosidade. Vazio, falta... Vai entender...

Foram inúmeras razões para não estarem mais juntos. Você percebeu o grau da impossibilidade e do atraso de vida que seria continuar insistindo.

Mas, quando você menos espera, lá estão os dois trocando mensagens, se esbarrando por aí e se pegando, e confundindo tudo de novo...

Dá-lhe ressaca moral!

Isso está longe de ser amor. É, sim, uma droga, um vício infernal, que parece estar impregnado na sua cabeça. É duro admitir, mas você se sente dependente da presença dele e, por mais que a consciência diga não, nunca mais, o emocional acredita que precisa, deseja, quer.

Para se curar de um vício é necessário, primeiramente, assumir que ele existe, para poder fazer algo a respeito. Quanto mais frágil você se sente, mais difícil é se livrar dele.

Perceba como essa relação impacta você e lhe faz mal. Reconheça seu retrocesso, aceite ajuda das pessoas que querem seu bem e fique próxima delas. Procure aderir a atividades que preencham e ampliem sua mente, deixe-se influenciar por pessoas do bem que amam e se importam com você.

Identifique gatilhos que impulsionam você a ir ao encontro do ex e tente driblá-los. Deixe de seguir, apague o contato. Não mande e nem responda às mensagens. Se precisar, bloqueie. Evite ir aos lugares onde possa encontrá-lo. Faça atividades físicas, cuide da alimentação, invista no fortalecimento do seu íntimo. Seja inteligente e se ajude.

> COM A MENTE MAIS PREENCHIDA, SEM ESTÍMULOS NEGATIVOS E O CORAÇÃO AQUECIDO DE AFETO, O SEU ELENCO DE PRIORIDADES VAI MUDANDO E SUA FORÇA PARA SUPORTAR ESSA FASE DE REESTRUTURAÇÃO SE TORNA MAIS EFETIVA.

Com a mente mais preenchida, sem estímulos negativos e o coração aquecido de afeto, o seu elenco de prioridades vai mudando e sua força para suportar essa fase de reestruturação se torna mais efetiva.

Os dias vão passando e a mente restabelecida já enxerga a situação com outros olhos. Nada como um bom afastamento para promover o detox da sua saúde mental e resgate do autocontrole.

Certas feridas custam a cicatrizar

Já passou tempo suficiente para que essa ferida fosse curada, mas vira e mexe você a percebe inflamada, latejando e incomodando como nunca.

Para que algum machucado cicatrize é preciso tempo, cuidado e paciência. Existe um processo de cura e não adianta querer acelerá-lo, atropelando as etapas necessárias para a recuperação. Fazer isso é correr o risco de ver a ferida eternamente aberta.

Quando falamos sobre ferimentos emocionais, o processo é o mesmo. Inicialmente, os sentimentos estão inflamadíssimos! O coração sangra intensamente, numa tentativa de avisar que foi atingido. Essa ferida não pode ser ignorada, precisa ser cuidada para que os sintomas não se agravem ainda mais. Mas não apresse o processo de cura querendo "arrancar a casquinha". Deixe que caia sozinha.

Assim é no relacionamento. Pare de querer cutucar a vida da pessoa que lhe causou esse ferimento. Você pode encontrar coisas para as quais não está preparado(a), e isso só vai lhe causar mais dor e sofrimento, adiando o processo de cicatrização.

Evite dar ouvidos às pessoas que, em tese, só querem o seu bem, mas não cansam de praticar o famoso "leva e traz", enchendo a sua cabeça com conversas maliciosas.

Poupe sua ferida para que o coração, aos poucos, retome sua capacidade de amar. Quando você se ama e o foco está em você, seu coração se torna mais confiante.

Um jeito inteligente para que nossas feridas sequem é esquecermos um pouco delas, concentrando a nossa energia em atividades que preencham o dia e nos tragam sensação de prazer, como estar em boas companhias, resgatar planos antigos, aderir a algum esporte, entretenimento, tudo que possa tornar a vida mais colorida, com novos sentidos e propósitos.

A ampliação das perspectivas, indo além da fixação e da revolta com nossas feridas emocionais, nos permitirá uma nova percepção do todo, trazendo mais tranquilidade e equilíbrio ao nosso íntimo.

> QUANDO FALAMOS SOBRE FERIMENTOS EMOCIONAIS, O CORAÇÃO SANGRA INTENSAMENTE, NUMA TENTATIVA DE AVISAR QUE FOI ATINGIDO. ESSA FERIDA NÃO PODE SER IGNORADA, PRECISA SER CUIDADA PARA QUE OS SINTOMAS NÃO SE AGRAVEM AINDA MAIS.

Para você que só atrai gente problemática

É uma sequência de pessoas problemáticas na sua vida, que não está fácil, não.

Quando você acha que se livrou da encrenca, logo aparece outra, para não perder o costume.

Você diz por aí que é carma, dedo podre, falta de sorte e sei lá mais o quê, mas o fato é que está de saco cheio de tanta dor de cabeça, estresse e sofrimento quando o assunto é relacionamento.

Todos que a conhecem vivem dizendo que você é uma pessoa maravilhosa, que merece ter ao seu lado alguém bacana, que seja do bem e que faça você feliz. Porém, por mais que você concorde, está difícil demais encontrar uma pessoa que preencha esses requisitos.

Vamos lá! Para que a atração aconteça, você precisa ter o que o outro procura e, para que a atração se consuma, precisa de reciprocidade. Procuramos o que conhecemos para, então, permanecer onde entendemos ser o que merecemos. Nesse caso, a pessoa problemática se sente atraída por você e a relação se estabelece porque você aceita e, de algum modo, compreende que ali é o seu lugar.

Então, em vez de se sentir a pessoa mais azarada do planeta, reflita sobre o tipo de pessoa que vem atraindo ultimamente e aquelas que você permite entrar no seu mundo e compartilhem da sua intimidade. Cada um que ingressa na nossa vida só faz isso com a nossa autorização.

>
> **PARA QUE A ATRAÇÃO ACONTEÇA, VOCÊ PRECISA TER O QUE O OUTRO PROCURA E, PARA QUE A ATRAÇÃO SE CONSUMA, PRECISA DE RECIPROCIDADE.**
>

Se nos primeiros sinais você subestimar a gravidade da conduta, fechando os olhos para aspectos complicados de personalidade, vendo só o que é conveniente para que a relação se mantenha, possivelmente se tornará uma presa fácil para perfis abusivos, desorganizados, destrutivos e tóxicos.

Algumas mudanças de pensamento podem ajudar muito a se manter longe desse tipo de gente:

a. Você não precisa de ninguém para dar sentido à sua vida.
b. Nenhuma pessoa tem o dever de fazer você feliz. Essa missão é sua.
c. Aprenda a curtir a sua própria companhia. Ela é ótima e muito melhor do que ficar ao lado de quem não presta.

Não se submeta a qualquer pessoa por estar carente. No final, a carência só aumenta.

Largue mão dessa mania de romantizar abuso e minimizar o que é grave e inaceitável.

Tenha os seus limites bem claros e respeite-se. A gente é quem ensina até onde o outro pode ir conosco.

Quem ama poupa

P reserva, cuida, quer bem.

Você precisa entender que controle não tem nada a ver com cuidado e preocupação. Em algum momento você já registrou essa relação controladora? Toda vez que se percebe cobrado, vigiado, interrogado e privado – embora se sinta incomodado –, você acaba se convencendo de que tudo isso acontece porque essa pessoa ama você demais.

Amor nunca é demais, não existe excesso. Quem ama não persegue, sufoca, desconfia, priva ou tortura.

Quando você justifica uma conduta descabida com a frase "é amor demais", pode ter certeza de que, na verdade, isso pode ser qualquer coisa, menos amor. Amor é diálogo, ponte facilitadora, recurso construtivo da maturidade, é ponderação, bálsamo em meio a qualquer turbulência. Esta vida já tem momentos difíceis demais para mantermos um relacionamento torturante. Ninguém merece viver uma rotina de conflitos, estresse, angústia e sofrimento e acreditar que só permanece nela porque, de alguma forma, há amor. Não, não há!

O que pode haver é uma dinâmica neurótica de um amor patológico, sustentado por uma compreensão disfuncional desse sentimento tão lindo que nutre, tranquiliza e respalda.

Sempre é tempo de sermos reapresentados ao amor, reconhecê-lo e adotá-lo de uma maneira diferente, passando a ver as situações como elas verdadeiramente são e tornando a nossa vida muito mais leve e saudável. Do jeitinho que tem que ser e como a gente merece.

> QUANDO VOCÊ JUSTIFICA UMA CONDUTA DESCABIDA COM A FRASE "É AMOR DEMAIS", PODE TER CERTEZA DE QUE, NA VERDADE, ISSO PODE SER QUALQUER COISA, MENOS AMOR.

O mundo não se resume a essa pessoa

Você acorda pensando na pessoa, passa o dia inteiro com ela na cabeça, ansiosa e angustiada com tudo que se refere a ela. Sua mente está lotada desse ser e você não aguenta mais lutar para se livrar desse sentimento de fixação.

Quando você acha que está um pouco menos obsessiva, se vê nas redes sociais stalkeando loucamente. O resultado é um misto de dor, raiva e profunda tristeza.

Pare! Seja lá o que você esteja fazendo sobre essa relação, simplesmente pare!

Sabemos, de antemão, que no coração não se manda. Não podemos evitar que o sentimento surja, nem podemos arrancá-lo do peito. Mas sempre podemos decidir o que faremos dele. Você pode, sim, neste exato minuto, decidir o que fará desse sentimento perturbador. Uma excelente alternativa é parar de alimentá-lo e deixá-lo morrer de fome, para que ele desapareça de vez.

Para ajudar nesse processo de libertação e para que você se concentre em si mesma, evite alguns comportamentos: não busque informações sobre o que a pessoa está fazendo, onde e com quem anda; não arranje desculpas para forçar conversas que acabarão do mesmo modo de sempre; pare de procurar sarna para se coçar; pare de seguir; pare de procurar informações em redes sociais ou com outras pessoas. Mude seu foco. Ficar presa ao mesmo comportamento maníaco só vai fazer com que você se afunde ainda mais no seu sofrimento.

> POUCO A POUCO VOCÊ VAI PERCEBENDO QUE NÃO PRECISA FAZER UMA LOBOTOMIA PARA TIRAR ALGUÉM DO CÉREBRO, NEM UMA CIRURGIA NO PEITO PARA CURAR UM CORAÇÃO PARTIDO.

Se quiser ficar sozinha em casa, fique e se respeite. Tente não se manter assim por muito tempo. Estar em boas companhias, conversar, se divertir, fazer atividades que oxigenem o cérebro vão lhe fazer muito bem.

No começo pode ser difícil. Vai faltar vontade, a preguiça vai ser grande, mas se esforce um pouquinho. Você vai conseguir! Faça programas diferentes, gostosos, conheça gente nova ou fique perto daquelas que fazem você se sentir bem. Distraia a mente, dê boas risadas. Estas são algumas sugestões que certamente vão ajudar você a se fortalecer nesse período.

Pouco a pouco, você vai percebendo que não precisa fazer uma lobotomia para tirar alguém da cabeça, nem uma cirurgia no peito para curar um coração partido. Mas, cuidando dos pensamentos com estímulos saudáveis, extinguindo condutas que potencializam o que se quer minimizar, muda-se o foco e surge espaço para novas prioridades, possibilidades e oportunidades.

Saudade

Alguém aí disse **saudade**?
Ah, foi você? Eu sabia, ouvi daqui.

É só ver no fundo dos seus olhos, no transbordar das suas emoções, no jeito da sua escrita, da fala, no dissipar da sua energia.

Saudade é um sentimento intenso que aperta o peito, perturba nossa paz, faz a mente se afogar em recordações, sufoca e chega a causar arrepio, aperto no estômago, numa dor constante que só promete passar com um remedinho chamado **presença**.

O problema é que nem sempre esse remédio é facilmente encontrado. Às vezes demora muito tempo, em outras nunca mais é encontrado.

Uma coisa é certa: se a saudade existe, é porque significou alguma coisa, marcou, conectou e a gente quer repetir o que ficou para trás, rememorar, estar de novo, sentir, tocar...

Cada saudade tem uma cor, um som, um cheiro, um tamanho, um dia, um jeito, uma história. Tem saudade recente, saudade intensa, saudade discreta, muita saudade e saudade eterna.

Tem saudade que nos pega de surpresa. Quando achávamos que não havia mais sentimento algum, que era página virada, lá vem ela, do nada, toda provocante e marcante.

Tem saudade que confunde. Ela parece ser de alguém, mas na verdade é da gente mesmo. Do que fomos um dia, do que tivemos, vivemos e desejamos, e agora queremos tudo novamente.

Ter saudade de alguém é como manter uma ponte invisível, sustentando essa conexão. Nem sempre a gente sabe quando poderemos atravessar a ponte, mas a mantemos para não perder a ligação.

Tem saudade que se justifica e daí a gente até curte, relembra com carinho. Sobre algumas, contamos os segundos para matá-las. Outras, só torturam, deixam tudo mais difícil e chegam a nos paralisar.

Enfim, só sente saudade quem, por pelo menos um momento, permitiu se entregar, se envolver, amar.

> Se a saudade existe, é porque significou alguma coisa, marcou, conectou e a gente quer repetir o que ficou para trás, rememorar, estar de novo, sentir, tocar.

Os fortes também cansam...

Até os mais bravos guerreiros se esgotam. Precisam descansar, sentem-se frágeis, vulneráveis, por vezes vazios, ansiosos e desesperados.

E não há nada de errado nisso.

Sentir-se vulnerável sugere uma possibilidade de evolução, entrega e transformação. Somente nos sentindo assim é que experimentaremos, nas dinâmicas relacionais, uma posição passiva e, nela, nos tornarmos receptivos. E receber é muito importante: acolhimento, colo, respaldo, atenção, carinho... Qualquer que seja o tipo de cuidado, jamais nos tornaremos fracos ou derrotados. Ao contrário, nos sentiremos nutridos no nosso principal recurso para o exercício da vida: o emocional.

Não se sinta fracassado, inútil, errado. Nem se culpe ao recuar nesse momento por se sentir fragilizado. Talvez você tenha se exigido demais, se cobrado exageradamente, passado por cima dos seus limites, sem se poupar ou pedir algum tipo de ajuda. Afinal, você sempre insiste em dizer para si mesmo que dá conta de tudo, que não quer dar trabalho para ninguém e que as pessoas já têm problemas demais para serem perturbadas com os seus. É ou não é?

Pois saiba que aprender a pedir ajuda, despir-se do orgulho, se permitir descansar um pouco, parar, arriscar dividir uma dor, compartilhar sentimentos e exteriorizar o que grita no seu peito não lhe fará menor, pior, ou perdido dos seus valores e crenças. Será uma oportunidade de constatar que, independentemente da posição que ocupe, você sobreviverá. Não precisa se exigir tanto! Você não tem que carregar o mundo nas costas, nem acertar sempre!

Você não tem que ser invencível!

Permita-se descansar, tirar a armadura, respirar profundamente, recuar, chorar até perder o fôlego, assumir os seus medos, buscar apoio, recostar em um ombro amigo, mergulhar em um abraço...

Faça isso. Os fortes também têm coração e precisam se recarregar de amor. E isso é lindo!

> NÃO PRECISA SE EXIGIR TANTO! VOCÊ NÃO TEM QUE CARREGAR O MUNDO NAS COSTAS, NEM ACERTAR SEMPRE! VOCÊ NÃO TEM QUE SER INVENCÍVEL!

Não cobre o que deve ser espontâneo

Aquela mensagem do nada, que preenche tudo. A atitude mais fofa do universo, que faz toda a diferença. Uma declaração de amor inesperada, alguma frase, ou aquele elogio que vem na hora certa, colorindo nosso mundo. O desejo no olhar, a preocupação de saber como você está...

O impacto que cada uma dessas ações causa na gente é imenso, indescritível, faz com que a gente perceba que existem coisas que não se cobram, que não se arrancam à força ou se impõem. Senão, nada disso teria o valor que tem.

Tudo bem que conversar e contar para alguém as coisas que são importantes para a gente seja fundamental, mas sem impor, sempre sugerindo. Ensinamos ao outro sobre o que gostamos, o que nos deixa felizes e o que é importante para nós. Assim, plantamos sementinhas férteis em quem queremos bem e que tenha afinidade conosco, seja no amor ou na amizade. Se vai germinar, ou não, não sabemos, mas a nossa parte estará feita, sem forçação de barra.

Feito isso, o comportamento e a ausência de iniciativa revelam formas de ser e reais interesses. Não é fácil reconhecer que os investimentos de alguém que gostamos são escassos em relação a nós mesmos, mas ficar provocando, ou teimando em receber o que a outra parte não tem para dar, só machuca e desgasta.

Talvez seja necessário recolher o time de campo, desacelerar a atuação, aquietar a alma, para atentar-se melhor sobre o que você tem recebido de forma espontânea.

> **UMA DECLARAÇÃO DE AMOR INESPERADA, ALGUMA FRASE, OU AQUELE ELOGIO QUE VEM NA HORA CERTA, COLORINDO NOSSO MUNDO. O DESEJO NO OLHAR, A PREOCUPAÇÃO DE SABER COMO VOCÊ ESTÁ...**

Feito esse exercício, você perceberá que algumas pessoas só respondiam à sua iniciativa de conversa ou aproximação, isso nunca partia delas. Outras, só procuravam você quando precisavam de algo, ou era oportuno.

Algumas, as chamadas pessoas tóxicas, só causam conflitos e intrigas e se abster da companhia delas pode poupar muito do seu tempo e energia. E poucas, muito menos do que esperávamos, procuraram você porque realmente se importaram.

Para decepção... tempo

Eu achava essa história de "o tempo cura", "só o tempo ajuda", uma papagaiada só. Mas o fato é que, depois de uma decepção daquelas, só mesmo o tempo para organizar nossos pensamentos, aliviar nossas angústias, acalmar nosso coração e consolar nossa alma aflita.

É claro que decepções não nos matam, mas ceifam os sentimentos, destroem vínculos e acabam com sonhos e construções que fizemos sobre pessoas que significavam tanto para nós.

Não será de uma hora para outra que toda essa dor e a gama de emoções despertadas serão sanadas. Por mais que o nosso racional compreenda, ou tente entender, mesmo que tenhamos outros motivos para sorrir, essa ferida vai incomodar até finalmente secar e cicatrizar.

Eu sempre digo que nossas decepções têm o tamanho do investimento que fizemos. Quanto mais colocamos amor, empenho, acreditamos e damos o melhor de nós, mais violenta, intensa e avassaladora será a decepção. É, esse é o preço que os intensos pagam em suas interações.

Muito embora o desapontamento seja perturbador, quanto mais encaramos e deixamos doer tudo o que precisar, vivendo cada sentimento que surgir, mais rápido nos curaremos e conseguiremos superar a decepção.

Nunca mais seremos os mesmos. Podemos nos tornar mais fortes, vividos e sábios, ou cascudos e traumatizados. Tudo vai depender de como deixaremos registradas as experiências de nossa história e como escolheremos olhar para aquilo que vivemos anteriormente.

Vamos, então, aprendendo a viver sem certas pessoas, sabendo o que esperar de outras, deixando no passado algumas e seguindo a vida com as lições que só o tempo ensina.

> **É CLARO QUE DECEPÇÕES NÃO NOS MATAM, MAS CEIFAM OS SENTIMENTOS, DESTROEM VÍNCULOS E ACABAM COM SONHOS E CONSTRUÇÕES QUE FIZEMOS SOBRE PESSOAS QUE SIGNIFICAVAM TANTO PARA NÓS.**

O dia em que ela resolveu se tratar bem

Era uma típica relação abusiva.

Ela sempre estava errada, tinha pouca ou nenhuma voz. Havia uma concentração de razão inquestionável nele. Aliás, ele era o dono dela, nunca errava e, quando questionado, tinha a capacidade ímpar de fazer com que tudo fosse distorcido e que ela ainda se sentisse culpada.

Essa campanha de torná-la fraca, desabilitada de seus recursos, despersonalizada, isolada e triste (sim, muito triste), tinha um único objetivo: a anulação dessa potência. Queria torná-la completamente manipulável, sem qualquer influência sobre os objetivos, interesses e prazeres dele.

A questão é que ela acreditava que o amava. E, mesmo com esse cenário inadmissível, a alienação na dinâmica relacional era tamanha que, envolvida nela, não conseguia alcançar percepções óbvias que poderiam mobilizá-la para sair daquela situação.

Não se sabe muito bem o momento em que aconteceu, mas ela começou a incorporar que se ele a apontava frequentemente como quem não sabia de nada, ela era louca, sem noção, tinha algum problema e precisava se tratar. Ela deveria mesmo buscar um tratamento. Foi o que fez.

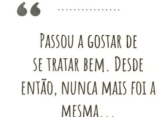

> PASSOU A GOSTAR DE SE TRATAR BEM. DESDE ENTÃO, NUNCA MAIS FOI A MESMA...

A primeira medida que considerou foi a forma como ela estava se tratando. Concluiu que estava indo de mal a pior. Começou a se cuidar com mais carinho, cuidando da alimentação, do corpo, do rosto. Resolveu colocar os exames em dia, os exercícios e o sono também. Lembrou que tinha um curso que queria demais fazer e resgatou a ideia, fazendo a inscrição. Começou a passar mais tempo consigo mesma, do que com ele e seus abusos.

Passou a gostar de se tratar bem. Marcava bate-papos com amigas com quem não falava havia tempos e esse hábito ajudou-a muito a lembrar do que costumava ser, gostar, e foi essencial nesse processo de resgate.

Uma das amigas fazia terapia e ela resolveu experimentar também. Afinal, estava convencida de que precisava mesmo investir em tratamentos. E não é que mergulhou no processo?

Desde então, nunca mais foi a mesma. Entendeu que sentia que o amava, mas tinha esquecido de se amar primeiro. Conseguiu curar a sua miopia emocional, enxergando toda a realidade de não conseguir mais ficar um segundo sequer naquele lugar. Então, deixou toda a razão do mundo com ele e escolheu ser feliz!